탈학습, 한나 아렌트의 사유방식

탈학습, 한나 아렌트의 사유방식

마리 루이제 크노트 지음
배기정 · 김송인 옮김

산지니

1933년, 마르틴 하이데거와 칼 야스퍼스의 제자인 한나 아렌트는 어떤 생각도 어떤 판단력도 무기력한 파산상태가 가시화되었을 때, "다시는 지성사에 손을 대지 않을 거야!"라는 말을 남기며 그녀의 고향을 떠났다. 독일을 떠남과 동시에 철학과 결별을 고하였다. 아렌트는 망명 중에 일어난 사건들, 행한 것, 본 것과 들은 것을 표현하기 위해 자신의 독자적인 언어를 탐색하기 시작하였다. 그녀는 자신만의 '탈학습 Verlernen'의 길을 찾아 나섰고, 훗날 이것을 평생에 걸쳐 연구한 이해의 방식으로 명명하였다. 아렌트는 고정된 해석의 굴레를 벗어나 미래를 원래대로 복권시켰다. 미래는 불가사의하고, 예기치 못하며, 비이성적인 본래의 모습으로 되돌아올 수 있게 되었다.

서문

언젠가 얼음이 깨지듯
곤경이 사라지면,
사람들은 그것에 대해 말한다.
검은 죽음에 대해 이야기하듯.
그리고 아이들은
들판에 허수아비를 세워 태운다.
고통에서 벗어난 희열을 맛보기 위해
과거의 공포에서 벗어난 빛을 보기 위해.

고트프리트 켈러Gottfried Keller

한나 아렌트와 잉에보르크 바흐만Ingeborg Bachmann
의 만남은 뭔가 특별하였다. 바흐만은 뉴욕에서 한나
아렌트를 알게 된 이후에 "당신 같은 사람이 어딘가
에 있을 것이라고 늘 생각해 왔지만, 지금 실제 그런
사람을 만났다는 사실이 저에게 얼마나 큰 기쁨이었
는지 모릅니다. 이 감정은 영원히 사라지지 않을 것입
니다."라고 썼다. 한나 아렌트는 바흐만의 사후에 "그녀의 위대한 사랑을 다룬 마지막 소설이야말로 얼마나 근사한지요."라고 작가 우베 욘손Uwe Johnson에게 말하였다. 서로에 대한 두 사람의 기록을 보면 이 둘은 소울 메이트였음에 틀림없다.

앞에서 언급한 바흐만의 단편 「호수로 가는 세 갈래 길Drei Wege zum See」(바흐만의 산문집 『동시에Simultan』에 들어 있는 5편의 단편 가운데 마지막 편 – 옮긴이)에서 주인공인 번역가 엘리자베트 마트라이Elisabeth Matrei는 유년 시절의 호숫가로 가기 위해 세 갈래 길만이 아니라 다른 여러 갈래의 길을 가본다. 여기서 유년 시절의 호숫가는 아름다움, 느긋함, (이미 무너진) 익숙한 세계에 대한 재정복을 의미한다. 그러나 그녀는 서로 다른 세대 간의 결속이 더 이상 존재하지 않는다는 사실을 깨닫게 된다. 유년의 길은 이미 지나간 과거에 속한다. 모든 길은 새롭게 탐구되어야 하며, 길은 길이라는 이유만으로 걸어가야 한다. 바흐만의 이야기에서 길을 찾아나서는 비밀스런 이유가 되는 사랑도 이와 마찬가지로, 사랑은 그 성공 여부와 무관하게 불타오르게 되고, 실패할 때조차 고갈되지 않는다.

이 책의 다음 장에서 추적하고 있는 한나 아렌트의 사유방식들도 바흐만의 작품에서 주인공이 시도한 방식과 흡사하다. 아렌트의 '사유의 길'에는 나치주의를 통해 인간의 본질을 완전히 개조하려고 위협한 어떤 엄청난 힘이 작동한 20세기의 쇼크(20세기 최대의 충격적 사건인 유대인 대학살 – 옮긴이)가 전제되어 있다. 한나 아렌트는 "평화와 사랑과 같은 모든 단어들, 온전하고 긍정적인 언어들이 더럽혀지고, 불경해지고, 저속해져, 흉측한 기계의 굉음으로 전락하였다."라고 작가 위스턴 휴 오든W. H. Auden의 글을 인용하였다. 나치주의의 언어는 냉혹한 언어의 이미지들을 사용하여 하나의 결론만을 강요하는 그들만의 '논리적인' 언어체계에 사람들을 가두어두려 했고, 전체주의를 위해 지정된 의미체계 안에 강제로 구속시키려 했다. 선하고 아름답고 진정한 것('평화와 사랑')에 관한 모든 이야기는 그 품위를 잃고, 신성함을 박탈당하고, 마침내 공포를 불러일으키는 날카로운 기계소리에 묻혀버렸다. 어떻게 이러한 편파적인 언어체계에서 벗어나, 보고, 듣고, 경험하고, 행한 것을 표현할 수 있는 자신만의 독자적인 언어를 가질 수 있을까?

한나 아렌트는 시인 고트프리트 켈러Gottfried Keller에게서 친숙한 것을 다시 낯선 것으로 바꾸고, 이전에 배웠던 것을 '탈학습'해야 할 위급함과 필요성을 보여주는 시적 이미지를 발견한다. 그녀의 말대로 우리보다 시인들이 훨씬 탁월하게 표현하기 때문이다. "고통에서 벗어난 희열을 맛보기 위해 / 과거의 공포에서 벗어난 빛을 보기 위해 태운다."

이 책의 모든 장—웃음, 번역, 용서, 연극—에서는 한나 아렌트가 어떻게 "고통으로부터 희열을, 그리고 어두운 과거로부터 밝은 빛"을 일깨우는지에 대해 물음을 제기하고, 또한 아렌트가 어떻게 세상과 사람에 대한 기존의 생각과 전승되어온 관념이 처한 곤경으로부터 빠져나왔는지 그 경로를 묘사한다. 이 길들은 있는 그대로 다루어졌다. 이를테면 길을 잘못 들어 갑자기 길이 끊기는 경우도 있을 것이다. 이러한 노정은 새로운 학파를 찾는 것이 아니라, 비유적으로 표현하자면 숲을 경작하기 위한 것이며 위협받고 있는 세상을 다시금 탈환하고자 하는 것이다.

"우리는 아무리 작은 생각이라도 독자적으로 거리낌없이 표현하기 위해 얼마나 많은 자유가 동반되어야 하는지에 대해 거의 깨닫지 못한다."라고 발터 벤야민이 언급한 바 있다. 그는 어떤 편견이나 선입견도 작가로 하여금 능수능란하게 언어를 구사하지 못하게 하며, 이로써 그의 세계까지 일부 빼앗아 간다고 덧붙였다.

이 책은 그러한 '편견'에서 벗어나고자 하는 시도와 이를 통해 얻은 자유의 영토를 다루고 있다. 또한 여기에 묘사된 사유방식들은 분석적인 언어를 침범해 들어가 이를 파헤치는 '벌거벗고 직설적인' 언어를 구사하는 문학을 필요로 한다. 아렌트는 이해를 돕는 데 둔감하거나 '중요하지 않다'고 판명된 이해의 도구들을 버리고, 이것들이 소멸되도록 내버려둔다. 많은 것들이 얽힌 것으로부터 풀어지고, 격렬하게 논의되고, 새롭게 쟁취되어야 한다. 역사적 충격과 혼란에서 탄생한 이러한 '탈학습'은 사유의 각성을 촉구하는 행위이다. 아렌트는 **웃음**을 통해 대학살의 화신 아돌프 아이히만Adolf Eichmann을 대면하면서 받은, 말로 표현할 수 없는 충격을 중단시킬 수 있었고, 사유운동으로서의 **번역작업**을 통해 이민자의 고충과 낯섦으로 인한 고통을 일종의 '부랑민의 태평함' 정도로 바

꿀 수 있었다. 부랑민은 자신이 떠나온 본국에서와 달리 이민국의 사회적인 현실에 밀접하게 연관되어 있지 않기 때문에 낯선 곳에서 보다 느긋하게 세상을 바라볼 수 있다. **용서를 재해석**하는 과정에서는 전체적으로 사유를 방해하는 이미지와 개념들을 몰아내기 위한 필사적인 투쟁을 다루고 있다. 이 이미지와 개념에 담긴 기존의 의미와 전승되어온 의의에 대한 새로운 고찰이 이루어져야 하기 때문이다. 그리고 **극적인 표현**을 매개로 하여 텍스트는 그 자체로 무대가 될 수 있다. 사회적 관계의 꼭두각시로 전락할 위기에 놓인 사람들은 이렇게 하여 '개인의 고유한 특성'을 드러낼 신뢰할 만한 장소를 얻을 수 있다.

　　내가 1986년 처음으로 에세이집 『시간에 관하여 Zur Zeit』를 편집하고 있을 당시만 하더라도 정치 이론가로서 한나 아렌트의 중요성과 그 작품에 관한 연구는 대수롭지 않은 취급을 받았고, 이것이 나를 움직인 동기가 되었다. 그 당시 나를 당혹스럽게 한 것은 그녀가 내놓은 사유의 결과들이었다. 그런데 이보다 더 나를 당혹케 한 것은 그녀가 마주한 현실로 하여금 스스로를 충격에 빠지도록 그리고 혼란에 빠지도록 내버려둘 줄 아는 아렌트의 능력이었다. 언어구사력이 뛰어난 그녀의 글들은 사유의 세계에 새로운 바람을 불어넣었다. 이것은 어쩌면 (부랑자가 갖는) 사회에 대한 거리감과 (시민으로서) 개입해야 할 '의무' 사이에서 아렌트가 갖게 된 독특한 긴장감에서 비롯된 것일 수 있다. 1933년에 철학에 대하여 보여준 아렌트의 거부표명("다시는 지적인 / 이야기에 손을 대지 않을 거야!")은 너무나 확고하여 최후통첩과도 같았다. 즉 그녀가 알았던 것과 생각한 모든 지식으로도 현실을 전혀 감당할 수 없다는 것을 깨달았기에 이 모든 것에 대한 불신이 그녀의 텍스트에서 명확히 드러났고, 바로 이 점이 나의 관심을 불러일으켰다. 여기에 삶과 새로운 언어협약을 맺으려 하는 한 사람이 있었던 것이다. 아렌트가 쓴 텍스트들은 과거에 일어난 모든 사건과 사실이 현재에도 아직 존립하고 있다는 이유를 들어 우리에게 지적인 관심을 가질 것을 요구한다. 비록 우리가 일상생활에서 이러한 요구에 응하고, 근신하며, 반성할 충분한 여력과 시간과 관심을 가지지 못한다는 것을 그녀가 알고 있음에도 불구하고 이러한 요구는 '탈학습'을 통해 시종일관되었다.

이 책을 관통하고 있는 '탈학습'은 바바라 한 Barbara Hahn이 『열정, 사람, 책Leidenschaften, Menschen und Bücher』에서 언급한 '탈학습'과는 달리 억지로 강요할 수 있는 것이 아니며, 배울 수 있는 것도 아니다. 이 책에 묘사된 네 가지 사유방식은 어떤 계획에서 배태된 것이 아니라, 그야말로 실제 있었던 충격에 대한 반–작용이며, 이러한 사유방식은 웃음, 번역, 용서, 연극이라는 행위로서 충격에 의해 형성된 균열을 있는 그대로 열어두고, 우리로 하여금 그 균열에 계속 관여하도록 한다.

한나 아렌트의 작품 수용과 관련하여 이야기하자면, 아렌트가 남긴 텍스트의 연구 가운데 위에서 언급한 기류 이상의 것을 느끼게 하는 새로운 원동력이 된 것은 우선 『사유의 일기Denktagebuch』 출간을 들 수 있다. 그 밖에 바바라 한, 볼프강 호이어Wolfgang Heuer, 잉에보르크 노르트만Ingeborg Nordmann, 토마스 빌트Thomas Wild 등이 편찬한 책, 에세이집, 모음집들이 있다. 2006년 바바라 한과 공동으로 기획한 전시회를 기회로 하여 집중적으로 체험한 협력의 결과와 그 당시 우리가 예기치 못하게 발견한 자료들이 이 책에 녹

아 있다.[1]

　이 책에는 아렌트의 텍스트가 한 번 읽을 때 완전히 소진되지 않고 매번 읽을 때마다 무언가 새롭게 전개되는 독서의 체험이 전제되어 있다. 우리의 현재 시점이 그녀의 사유과정에 자극이 되었던 과거의 역사적 정황과 시간적으로 멀어짐에 따라, 실제 그런 의구심이 일기도 하지만, 아렌트의 작품이 이제 완전히 다르게 그리고 새로운 방식으로 논의되어야 한다는 사실은 분명하다. 비유적으로 말하자면, 어떤 세대에도 그 세대를 위한 새로운 '희열과 빛'이 대기하고 있으며, 행동하고 협의하려는 의욕뿐만 아니라 다른 한편에선 이를 위한 질문과 상상도 '듬성듬성하게' 비축되어 있다. 아렌트의 상상의 힘과 개념들은 독자들 자신이 혼란스러울 때조차도 안전함을 느낄 수 있고, 또한 스스로 근본적인 사유 과정에 참여할 수 있는 신뢰할 만한 장소를 제공한다.

차례

웃음

이해 불가한
상황에 맞서

Frieden 평화

Blatt 나뭇잎, 종이

Kein Blatt vor den Mund nehmen
직역할 경우, '입에 그 어떤
나뭇잎도 대지 않는다.' 즉, 어떤
의견을 말하기를 주저하지 않는다

Blatt auf Blatt 나뭇잎 다음에
나뭇잎, 한 장씩

Blätter 나뭇잎(복수형),
종이(복수형)

blättern 책 페이지를 넘기다,
여기저기 읽다

lesen 읽다

Zeit 시간

Ast 나뭇가지

Knast (구어체 표현임) '깜빵',
감옥, 나무의 마디

Zaun 울타리

Grenze 경계선, 국경선

Teilung 분단, 분할, 나눔

Beispiel für eine
ungerechte(Teilung) 불공평한
(분할의) 예

Ende 끝, 가장자리
('Alles hat ein Ende nur die Wurst
hat zwei'라는 독일어 표현이
있으며, '모든 것은 하나의 결말이
있으나, 소시지만 두 개의 끝이
있다'를 의미함-옮긴이)

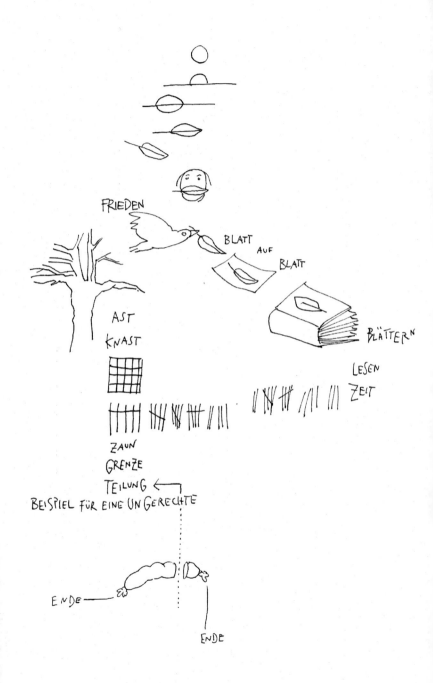

FRIEDEN

BLATT AUF BLATT

AST
KNAST

BLÄTTERN

LESEN
ZEIT

ZAUN
GRENZE
TEILUNG ←
BEISPIEL FÜR EINE UNGERECHTE

ENDE —

ENDE

웃음

이해 불가한 상황에 맞서

> 너의 집에서 새어 나오는
> 이야기 소리를 들으며
> 사람들은 웃는다.
> 그러나 너를 쳐다본 누군가는
> 칼을 집어 든다.
>
> 베르톨트 브레히트Bertolt Brecht

　한나 아렌트는 아이히만 보고서를 내놓은 1963년 이후 '웃음'으로 인해 전 세계적으로 극심한 공격을 받았고 그야말로 유대인 사회로부터 '제명'을 당하고 말았다(Amos Elon). 이 웃음의 도화선이 된 것은 전 나치 친위대의 중령인 아돌프 아이히만의 심문 내용이 담긴 조서였다. 아이히만은 나치의 '유대인 업무 및 말살 업무' 부서 책임자로서 강제수용소로의 이송을 체계적으로 조직했었다. 아이히만은 전쟁이 끝난 후 1960년까지 위조된 신분으로 아르헨티나에서 살다가 이스라엘의 비밀정보기관에 의해 예루살렘으로 납치되어, '유대인에 대한 범죄'와 '인류에 대한 범죄'를 저지른 혐의로 재판을 받게 되었다. 재판을 앞두고 아이히만은 '도착증이 있는 가학적 인격의 소유자'이며, '광적인 반유대주의자'로 묘사되었고, 사람들은 그를 두고 '만족할 줄 모르는 살인 충동'과 '의무에 대한 엄격한 충성심'이 결합된 인물이라고 평하였다. 아렌트는 재판심리審理 보고서에서 하필이면 정장을 입은 채 유리 부스에 앉아 있는 국가사회주의 범죄자 아이히만을 가리켜, 그는 인생에 대해 어떤 의미나 방향성도 찾지 못한 '광대'라고 일컬었다. 아이히만의 극악무도한 범죄 사실에 비해, 아렌트에게 범죄자인 그 사람 자체는 너무 평범하고 특색이 없는 사람으로 보였다. 아렌트는 "아이히만은 이아고Iago도 아니고, 맥베스Macbeth도 아니며, 리차드 3세와 결탁하여 악당이 되는 것과는 너무나 거리가 멀다."라고 묘사했다. 자신의 경력에 도움이 될 만한 것을 위해서는 모든 것을 할 수 있는, 비범하리만큼 부지런한 점을 제외하곤 아이히만에게 그 어떠한 동기도 찾아볼 수 없었으며, 이 근면함 또한 그 자체로 볼 때 범죄와는 전혀 무관한 것이었다. 아이히만은 상사의 자리를 차지하기 위해 결코 상사를 살인하지 않았을 것이다. 일상적인 언어로 말하자면, 그는 자신이 무슨 일을 저질렀는지 한 번도 상상조차 해본 적이 없었다.[1]

아렌트는 1961년 『뉴요커』로부터 위임을 받고 아돌프 아이히만에 관한 재판과정을 기사로 작성하기 위해 흔쾌히 예루살렘으로 떠났다. 독일에서는 나치 범죄에 대한 공소시효가 만료되고 있을 무렵이었지만, 핫이슈가 될 만한 많은 질문들이 던져졌다. 즉, 아이히만의 행위를 어떻게 법률적으로 파악할 수 있을까? 본래 이에 대한 적합한 처벌이 없다면, 어떻게 이 행위에 대한 재판이 이루어질 수 있을까? 더 나아가, 왜 그렇게 많은 가해자들이 처벌을 받지 않았을까? 어떤 기관이 이러한 범죄 행위를 고발할 의지와 사법권을 갖고 있을까? 당시 서독에서는 대부분의 고위 판사직을 결국 전 나치들이 차지하고 있던 터였다. 이런 상황에서, 이스라엘 법정이 이스라엘의 건국 이전, 심지어 현재 영토에 해당되지 않는 곳에서 유대민족에게 자행된 범죄에 대해 법적 판결을 내릴 수 있는 권한을 가질 수 있는가? 라는 질문이 이어졌다.

그 밖에 한나 아렌트 자신조차 뉘른베르크 재판에 대해서는 언론 매체나 1945년 국제군사재판소에서 함께 일한 친구, 지인들로부터 전해 들은 이야기를 통해서만 알고 있을 뿐이었다. 이런 까닭에 그녀는 나치 가해자에 대한 재판과정에 몸소 참가하여 그런 사람들과 대면하고자 했다.

1961년에 이스라엘로 향한 한나 아렌트는 이미 널리 알려진 인물이었다. 그녀는 미국 시민권자이자 시민운동가로서 종교와 국가가 분리되지 않은 이스라엘 특유의 이중시민사회를 비판하였다. 유대인 말살을 모면한 이전의 독일인으로서 아렌트는 아이히만에게서 '괴물'을 기대했으나, 오히려 '아무 생각 없는' 그를 마주하게 되었다. 아렌트는 전쟁 중에 히틀러에 대항하기 위해 전적으로 유대인들로만 구성된 군대가 결성되어야 한다고 전력을 다해 지지한 바 있으며, 재판 중에는 검사가 생존자들에게 하는 질문에 대해 격분한 유대인 여성이기도 했다. 검사가 "당신들은 왜 반항하지 않았나요?"라고 물었을 때 아렌트는 검사의 질문이 '잔인하고 멍청하다'고 생각했다. 이러한 질문은 증인들로 하여금 이미 체험한 그 무력감에 다시 빠져들도록 했기 때문에 잔인하였고, 재판에서 오고 간 질문과 대답이 결국 역사는 실제 그렇게 일어난 것과 다르게 진행될 수 없었을 것이라는 운명론을 주장했기 때문에 멍청할 수밖에 없었다.

1963년 『뉴요커』에 연재물로 실린 후 얼마 지나지 않아 책으로 출간된 아이히만 재판에 관한 한나 아렌트의 보고서는 큰 스캔들이 되었는데, 이는 비단 유대인 사회에 한정된 것만은 아니었다. 아렌트는 이스라엘의 재판 과정에 대해선 비판했지만, 사형 선고는 찬성하였다. 그녀가 비난받았던 이유는 나치의 범죄를 '대수롭지 않게' 여긴다는 것 때문이었다. 그들의 범죄 행위가 '지극히 평범하다'는 아렌트의 말에 많은 사람이 격분하였다. 강제수용소나 게토에서 유대인 집단을 대표했던 사람들은 다른 비판에서도 많이 인용된 다음 문장으로 인하여 특히 기분이 상했다. "만약 유대인 민족이 정말 조직화되어 있지 않았고 지도자들도 없었다면 혼란과 비참함이 더했겠지만, 전체 희생자 수가 450만에서 600만 명에 달하지 않을 수도 있었다는 점을 숨길 수 없다."[2] 아렌트는 이 말을 통해 유대인 대학살에 유대인들도 일정 부분 책임이 있음을 가정했고,[3] 게르숌 숄렘Gershom Scholem은 바로 이 부분을 공격했다.

여기서 나는 양측 논쟁의 차이와 오해에 대해 다루고자 하는 것이 아니며, 과연 그 책이 실제로 "'삶을 위한 거짓말'에 대한 공격"(야스퍼스)을 표현했기 때문에 그런 논란을 일으킨 것인지에 대해 논쟁을 하는 것도 아니다. 또한 이스라엘에서 행한 아이히만의 진술이 자작극이었는지 그리고 아렌트가 이에 속임을 당했는지의 여부도 미해결의 질문으로 남아 있다. 더 나아가 아렌트가 가정한 것처럼, 실제로 그 당시의 상황에서 유대인 대표자들이 다르게 행동할 여지가 있었는지에 대해서도 여기에서는 논하지 않기로 한다. 정치적 행위를 연구하는 이론가 아렌트가 자신의 보고서에서 다루고자 했던 것은 위협받는 상황에서 사람들이 얼마만큼 자신의 행동에 책임을 질 수 있는가에 대한 논의였다. 아렌트는 전체주의적인 상황에서 행동하지 않는 것 자체가 하나의 행동이 되는 순간들이 있는지 자문하였다. 그 밖에 아렌트는 재판에서 묘사된 증언을 토대로 1941년 이후에 대표적인 유대인 조직들의 해체, 즉 유대인 민족 지도부의 (반항적인) 해산이 그 어떤 것을 막아주었을지에 대해 새롭게 반성해볼 수 있고 또 그래야만 한다고 생각하였다.[4]

게다가 1963년의 분위기에서보다 오히려 2010년인 오늘날의 시각에서 보면, 아렌트가 얼마만큼 이스라엘의 운명을 걱정했는지 훨씬 더 명확해진다. "저는 두 번째 모토를 구상하고 있습니다. '이스라엘이 얼마나 형편없이 보호되고 있는가? 믿을 수 없는 친구들이 이스라엘의 대문을 밖에서 지키고 있고, 안으로는 어리석음과 공포가 만연해 있으니…'—하이네의 「바하라흐의 랍비Rabbi von Bacharach」 중에서 머릿속에서 생각나는 대로 옮겨봤는데, 어떻게 생각하세요?" 이것은 1964년 4월 6일 아렌트가 클라우스 피퍼 Klaus Piper에게 쓴 내용이다.[5] 아렌트는 위의 인용문과는 반대로 전쟁을 통해서는 "오로지 유대인의 지위를 '정상화'시키는 것에는 도움이 되었을 것"이라는 가정을 세웠다.—말하자면 "실질적인 전쟁선포가 이루어지고, 팔레스타인 유대인들과 국가가 없이 전 세계적으로 흩어져 있는 유대인들로 이루어진 유대인 군대가 형성되고, 유대인 민족이 전쟁수행 국가로서 인정 받게 되는 것"[6]을 뜻한다. 그러나 자신의 증인들에게 끊임없이 그들은 아무것도 성취할 수도 없고, 뭔가 달리 할 수도 없었다고 설명하도록 하는 국가는 인간의 가장 기본적인 능력인 행동에 대해 의문을 품게 하였다. 전혀 다른 방식이긴 하지만, 아렌트는 아이히만이라는 사람에게서 이러한 능력이 위협받고 있다는 것을 알아챘다.

제가 아이히만을 알기 때문에 그에 대해서만
자세히 이야기해보도록 하겠습니다.
우선 다음과 같은 점을 말하고자 합니다.
아시다시피 집단행동은—많은 사람들이 함께
행동하는—권력을 만들어냅니다. 혼자 있는 한,
아무리 강한 사람이라고 해도, 그 사람은 허약할
뿐입니다. 함께 행동할 때 형성되는 권력에 대한
이 느낌 자체는 절대적으로 악한 것이 아니며,
지극히 인간적인 것입니다. 그렇다고 해서 이것이
선하다는 것이 아니라 단순히 중립적이라고 할
수 있지요. 이것은 단지 하나의 현상일 뿐이며,

일반적으로 인간적인 현상으로 묘사될 수 있는 것입니다. 이러한 행동에는 어떤 쾌감이 있다는 것이 명백합니다. 저는 지금 여기서 거창하게 인용을 하며 시작할 생각은 없습니다—미국 혁명에 관해서는 몇 시간씩이고 인용을 할 수 있겠지만요. 저는 이제 행위의 실질적인 왜곡이란 곧 이것이 작동한다는 점에 있다는 것을 말하려고 합니다. 그리고 행위의 이러한 왜곡이 작동할 때에도 항상 쾌감이 존재한다는 점입니다. 그러나 여기에는 행동하는 것, 함께 행동하는 것—말하자면 우리가 서로 상의하고, 함께 특정한 결정에 도달하고, 책임을 지고, 우리가 무엇을 하고 있는지에 대해 반성하는 이 모든 것이 배제되어 있다는 사실입니다. 전적으로 공회전을 거듭하는 것이지요. 그런데 순전히 작동하는 것에 대한 쾌감, 이 쾌감이 아이히만에게서 아주 분명하게 나타났습니다.[7]

여기서 언급된 '행위의 왜곡이 작동하는 것에 대한 쾌감'이 얼마나 위험한지 『예루살렘의 아이히만

Eichmann in Jerusalem』을 읽은 대부분의 독자들에게는 제대로 전달되지 않았다. 당시 아렌트는 무엇보다도 비꼬는 말투 때문에 심하게 공격을 받았다. 아렌트는 어떻게 그녀가 아이히만을 대면했는지에 대해 보고서에서 묘사하였다. 아이히만은 '직업적인 출세를 위해' 살인을 저질렀으나 뚜렷한 '동기가 없는' 대량학살자였다.[8] 말하자면 나치 범죄자들도 단지 인간에 불과했다는 인식이 근본적인 혼란을 가져온 요인이었다. 그런데 한나 아렌트가 재판에서 마주한 그 아이히만은 그녀가 상상했던 어떤 것과도 일치하지 않았다. 그는 그녀를 혼란에 빠뜨렸고, 그녀는 혼란에 빠졌다. 그녀는 심문 과정에서 절대로 악의적인 살해 의도에 집착해본 적이 없다고 맹세하는 나치 친위대의 지도자이자 유대인 대학살을 조직한 책임자를 체험했다. 그는 원래 1,100만 명의 유대인들을 죽이도록 기획되었던 과제를 완수할 수 없었던 점에 '유감스러워'하면서도, 유대인 혐오라고 하기보다는 수다스러운 말투로, 자신은 테오도르 헤르츨Theodor Herzl의 『유대 국가 Judenstaat』를 읽었으며, 그 후로는 유대인에 대한 연민을 갖게 되었고, 언제나 유대인 국가의 '필요성'을 믿

어왔노라고 말했다. 이 대목과 관련하여 아렌트는 아이히만 보고서에서 다음과 같이 썼다. "우리는 여기서 헤르츨의 꿈을 실현시켜, '흩어진 민족'을 모아 그들에게 고향을 하사하려는 바로 그 사람, 아이히만을 다시 만나게 되었답니다."[9] 아렌트가 유대인 말살을 시도한 최고위직의 책임이 있는 사람에게 시온주의라는 어휘를 적용한 것은 당연히 진지한 처사가 아니었다. 그녀는 아이히만이라는 인물에게서 마주하게 된 예기치 못한 공허함과 부조리에 대해 침묵하는 대신 어떻게든 이것을 말로 표현하고자 했다.

아렌트는 너무나 끔찍한 상황에 돌입하거나 깊은 혼란에 빠졌을 때 '당돌한 반어법'에 몰입했으며, 요아힘 페스트Joachim Fest에게 말한 것처럼 한때 이것을 '독일로부터, 본래 베를린으로부터 물려받은 가장 소중한 유산'이라고 불렀다. 그러나 이로 인해 옛 친구들은 그녀에게서 등을 돌렸다. 게르숌 숄렘이 "당신이 아이히만을 시오니즘으로 개종한 사람처럼 그려낸 것은 당신처럼 시오니즘과 관련된 모든 것에 대해 아주 깊은 증오를 느끼는 사람에게서만 가능한 것이라고 말하고 싶습니다."[10]라고 하자, 아렌트는 "저는 아이히만을 '시온주의자'로 만든 것이 결코 아닙니다. 아이히만이 자기 스스로를 표현한 것처럼 그렇게 명백하게, 게다가 간접 화법으로 재구성한 그 문장의 반어적인 표현을 당신이 이해하지 못하셨다면, 저도 정말 어찌할 도리가 없군요."[11]라고 응수했다.

반어법은 아렌트가 체험한 것에 대해 심사숙고할 수 있도록 그것과 거리를 두기 위한 수단이었다. 반어법은 패닉으로부터 그녀를 지켜주고, 그녀가 어떤 판단을 내릴 때 방해만 될 강한 분노로부터 그녀를 보호해주었다.

그 외에도 『예루살렘의 아이히만』에서 아렌트가 사용한 화법 이면에는 아주 구체적인 웃음이 숨어 있다. 아렌트는 그 웃음에 대해, 아이히만에 관한 심문조서를 읽을 때 그 웃음이 엄습했다고 이야기한 적이 있다. "저는 경찰이 아이히만을 심문하며 작성한 3,600쪽이나 되는 보고서를 읽었습니다. 그것도 아주 자세히 읽었습니다. 그리고 몇 번이나 웃었는지 모릅니다. 그것도 아주 크게 말입니다. 저의 이런 반응 때문에 사람들은 매우 기분이 상하는 것 같더군요. 그

렇다고 거기에 대항해서 제가 할 수 있는 것은 아무
것도 없습니다. 그러나 한 가지는 분명합니다. 3분
후에 확실한 죽음이 찾아온다고 해도, 저는 아마 여
전히 웃었을 것입니다."[12] 아렌트는 시험 삼아 그녀
가 본 것과 아이히만이 스스로에 대해 말한 것을 있
는 그대로 직시하려 하였으나 '아무런 생각도 담기지
않은' 뻔하고 상투적인 말들에 너무나 충격을 받아서
웃기 시작했다. 다만 이에 격분한 것은 유대인 사회
만이 아니었다.

인간에 대한 확신

　철학자, 시인, 학자들은 그들의 인생에서 가장
중요한 깨달음이 갑작스런 통찰의 형태로 얻어졌노라
고 말하곤 한다. '악의 평범성'에 대한 아렌트의 깨달
음은 결국 그녀의 일생에 완전히 새로운 장을 열어주
었다. 이는 특히 웃음을 통해, 즉 아이히만의 '아무 생
각 없음'에 대한 웃음을 통해 얻어졌다. 한나 아렌트
에게서 이 웃음은 무엇을 의미하는가?

웃음, 무엇보다 즉흥적인 웃음은 이성의 작동이 빠진 채, 이 세상의 제약들과 단단히 묶인 사회적 관습 한가운데에서 자유와 주권을 확보하려는 반작용이다. 웃음, 무엇보다 서로 함께 웃는 웃음은 인생의 어두운 순간을 밝게 해주는 능력을 가지고 있으며, 사람들의 '얽힌 관계를 풀어줄' 수 있다. "억압받는 사람들의 친구는 인간에 대한 확신을 필요로 하며, 웃음은 이것을 우리에게 가르쳐준다."[13] 1942년, 전쟁이 한창 고조되었을 때, 웃음은 의식과 이성을 근거로 한 진지함에서는 얻을 수 없었던 무언가를 "깨닫게 한다." 웃음은 인간에 대한 확신, 즉 이데올로기와 테러, 반계몽주의, 억압, 독단론, 전제정치에 대항하여 인간다움을 지켜내려는 저항의 힘에 대한 믿음을 가능케 한다. "부차적으로 덧붙이자면" 인생의 막다른 골목에서 아렌트의 스승이 되었던 발터 벤야민은 "사유를 위해 웃음보다 더 좋은 시작은 없으며, 특히 횡격막의 경련은 영혼의 경련보다 사유에 더 좋은 기회를 제공하는 것이 일반적"이라는 것을 잘 알고 있었다.[14]

1943년, 유럽에서 끔찍한 소식들이 전해지던 시기에 아렌트는 현실로부터 해방감을 주고 현실을 초

월할 수 있는 웃음의 이러한 힘에 대해 새롭게 성찰
하였다. 아렌트에게 이러한 동기를 부여한 것은 프란
츠 카프카에 관한 글이었다. '두려움의 작가'라고 할
수 있는 카프카 말이다. 카프카가 나치즘을 예견했다
는 가설에 암묵적으로 반대한 아렌트는 오늘날의 현
실에서 벌어지는 사건들을 보면서 "그 어떠한—문학
적—판타지도 이와 같은 현실과 경쟁할 수는 없을
것"이라고 썼다.[15] 아렌트는 카프카의 이야기들이 살
아 있는 자들의 무력함을 그대로 둔 채, 개인의 인격
을 형성할 시간이나 가능성이 없었던 그 이야기들의
주인공들로 하여금 모두 우스꽝스럽고 거대한 과장
의 구조물을 이루게 했다고 묘사했다. 그런데 그 과
장들이 "이루 말할 수 없이 쾌활하게 만들어져" 인생
의 거의 모든 경험을 잊게 만들 수 있다는 것이다. 왜
냐하면 "카프카의 웃음이야말로 인간적 자유와 평안
에 대한 직접적인 표현으로서, 단지 인간이 현실을
뛰어넘을 수 있는 그 무엇인가를 생각해낼 수 있다는
이유만으로도 좌절을 딛고 일어서는 존재라는 것을
잘 보여준다." 인간은 웃음을 통해 이성적으로 파악
할 수 있는 현실을 뛰어넘을 수 있다. 그런데 어디로

갈 것인가?

어린아이 같은 지혜와 문학적 판타지는 사물을 이동시키고, 다른 장소로 옮겨놓을 수 있는 능력을 갖고 있다. 아렌트가 웃음이 일깨운 (다른) 세계에서 카프카가 충분히 묘사한 비밀스런 현실의 권력들이 힘을 잃는다고 썼을 때―이 웃음의 순간에만 그럴지라도―아렌트가 확신한 바와 같이, 웃음 또한 이와 비슷한 효력을 갖는다. 카프카의 허구에 그려진 웃음은 인간이 죽음을 향해 가고 있음에도 불구하고, 인간은 기계의 톱니바퀴가 아니며, 또 낯선 법률을 수행하는 대리인도 아니고, 또 그럴 필요도 없다는 것을 잘 아는 인간의 대답이다. 웃음의 순간만큼은 적어도 가장 암울한 시대라 할지라도 인간과 인간다움이 더 강한 힘을 발휘할 수 있을 것이다. 1943년이 그런 시대였다.

같은 해에 어떤 미국의 유대인 잡지에 첫 문장부터 매우 혹독한 반어법으로 시작된 에세이 「우리 난민들We Refugees」이 실렸다. 그 어떤 이미지도 설 자리가 없는 현실에 대한 상실감으로 각인된 난민의 현실이 얼마나 비틀어졌는지를 "내가 아직 세인트버나드였을 그때에…"라고 근심에 가득 차서 자신의 화려했던 과거를 동경하는 외로운 이민자 닥스훈트의 이야기보다 간결하게 이야기할 수는 없을 것이다. 아렌트 역시 자신이 한때 동화될 수 있다고 희망을 품었던 과거에 대해 신랄한 비판을 쏟아낸다.

> 이러한 확신이 우리 스스로에게서 비롯되었다고 할지라도, 우리의 믿음은 실제로 경탄할 만합니다. 왜냐하면 결국 우리의 투쟁에 관한 이야기가 지금 알려졌기 때문입니다. 우리는 우리의 집을 잃었고, 이로써 일상의 친숙함을 잃었습니다. 우리는 직업을 잃었고, 이로써 이 세상에 어떻게든 쓸모가 있는 존재라는 신뢰도 잃었습니다. 우리는 우리의 언어를 잃었고, 이로써 우리가 반응하는 자연스러움과 몸짓의 단순함과 감정의 꾸밈없는 표현도 잃었습니다. 우리는 친척들을 폴란드의 게토에 남겨둔 채 떠났고, 가장 친했던 친구들은 강제수용소에서 죽임을 당했으며, 이것은 우리의 사적인 세계가 멸망했음을 의미합니다.

그럼에도 불구하고 우리는 우리가 목숨을 구한 후에—우리 중 대부분은 여러 차례 구출이 되었습니다만—새로운 삶을 시작하였고, 우리를 구해준 사람들이 준비해둔 일체의 좋은 조언들을 최대한 곧이곧대로 따르려고 노력하였습니다. 사람들은 우리에게 잊어야 한다고 했고, 우리는 그 어떤 사람도 상상할 수 없을 만큼 빠르게 잊었습니다. 아주 친절하게도 새로운 나라가 우리의 새로운 고향이 될 것이라고 말해주었고, 프랑스에서 4주 혹은 미국에서 6주가 지난 후에 우리는 프랑스인 또는 미국인 행세를 하였습니다. 우리 가운데 더 너그러운 낙관주의자들은 여기에서 더 나아가 그 이전의 삶 자체가 일종의 무의식적인 망명이었으며, 새로운 삶을 통해서야 비로소 진정한 집을 갖는다는 것이 무엇을 의미하는지 배웠다고 주장하곤 했습니다.[16]

이 에세이는 모든 난민들이, 그것도 유대인일 경우 스스로 유대인으로서 싸울 것을 거부하는 유대인들이 얼마나 얇은 살얼음판 위를 걷고 있는지를 간파

할 수 있도록 기획된 글이다. 어떤 확고한 이념으로
만들어진 것이 아닌, 피와 살을 가진 난민들이 이처럼
얕은 살얼음판 위에서 물에 빠지지 않도록 웃음을 통
해—으스스한—가벼움으로 무장하였다.

한나의 책

칼 야스퍼스Karl Jaspers의 유품 가운데에는 '한나의
책'이라고 분류된 상자가 여럿 있는데, 이것들은 미
완성의 원고뭉치들이다.[17] 아렌트가 한때 '자유와 이
성과 소통의 살아 있는 결합'이라고 표현했던 그녀의
학위논문 지도교수이자 절친한 친구였던 야스퍼스는
몇몇 장을 탈고하였으나, 다른 장들은 아직 기획단계
에 머물러 수기로만 보존되어 있다. 야스퍼스가 이 책
을 구상하고 쓰게 된 동기는 한나 아렌트가 작성한
아이히만 보고서로 인해 그녀가 당한 '심각한 명예훼
손'에 격분했기 때문이었다. 아렌트의 '진실성 있는
태도'뿐만 아니라 '진실을 향한 의지와 인간을 관조하
는 의지'를 칭찬한 칼 야스퍼스는 자신을 격분시키기

만 할 뿐 자신에게는 무의미한 그녀에 대한 비난의 구체적인 내용에 대해서는 답변을 하려고 하지 않았다. 특히 그 비난이 아렌트가 쓴 책의 내용을 '단지 무시하는' 것이었기 때문에 더욱 그러했다. 야스퍼스는 아이히만 이야기를 토대로 우리가 사유할 때 무엇에 '종속'된다는 것이 어떤 의미를 갖는지 탐구하고자 했고, 동시에—야스퍼스가 덧붙인 것처럼—아렌트의 글에는 그림자, '완전히 불타버린 말들의 그림자'가 드리워졌음에도 불구하고 그녀 특유의 '사유의 독립성'이 정확히 무엇인지 도출해내고자 했다. 야스퍼스는 아렌트를 로자 룩셈부르크, 케네디와 같은 선상에서 바라보았으며, 반대의 예로는 비스마르크를 들었다. '연구와 철학의 영역에서 질문하는 한나의 사유방식'이라는 장에는 '그녀의 웃음과 아이러니'라는 제목의 파일이 들어 있다. 이것을 통해 다음과 같은 몇 가지 내용을 참조할 수 있다. 즉, "아렌트는 인간에게는 인간다움의 토대가 뿌리 깊게 박혀 있어 결코 파괴할 수 없다는 믿음을 갖고 살았으나, 그 어떤 것도 그녀에게 궁극적으로 확고한 것은 없었다. 왜냐하면 어떤 방식으로든 파악할 수 있는 모든 것은 파악된 것만큼 제한되어 그 이상의 의미를 부여하게 되면 그만큼 자유를 빼앗아 가기 때문이다." 다른 곳에는, "그녀는 불가해한 것에 대해 곰곰이 생각하였고 잠시도 쉴 줄을 몰랐다."고 쓰여 있다.

아렌트가 당시 아이히만 책에 대해 대규모로 그리고 부분적으로는 집중적으로 이루어진 거친 공격들에 직면하였을 때, 이와는 반대로 주어지는 그 어떤 지지에 대해 그녀가 아무리 기뻐했다고 하더라도, 아렌트에게는 그 의도된 칭찬이 난처하고 부끄러울 뿐이었다. 그녀는 야스퍼스에게 자료를 제공해주긴 하였으나 그 책이 완성되지 못했을 때 오히려 안도하였다. 야스퍼스는 책의 서문을 초안하면서 아렌트에게 가해진 '명예훼손' 계획이 무산된 것에 대해 안도한다고 진술했다. 야스퍼스는 아렌트가 "이 분쟁으로부터 순수하고, 진지하고, 독립적인 사상가"로 부상하여, "미국 대학으로부터 교수직을 제안받았고 명예박사 학위를 받았으며 미국의회도서관은 한나 아렌트 아카이브를 설립하였다."고 썼다.

야스퍼스가 반어적인 어법에 대해서뿐만 아니라 아렌트의 웃음에 관해 특별한 장을 할애하고자 했던 것은 놀라운 일이 아니다. 아렌트가 언젠가 서로 잘 아는 친구인 돌프 슈테른베르거Dolf Sternberger에게 썼던 것처럼, 그들의 관계 속에서 웃음은 중요한 역할을 하였다. 우선은 아주 구체적인 웃음이다. 야스퍼스는 항상 교수다운 무엇인가("어떤 비가 와도, 이것을 씻어낼 수가 없다")가 있었지만, 근본적으로 "어떤 농담을 통해서라도 그를 그 지위에서 다시 끌어내릴 수 있었다." 야스퍼스 역시 그들에게 공통적인 웃음을 비슷하게 묘사하였다. "오늘날 격식을 차리고, 의미심장하고, 까다로운 것으로 등장하는 모든 것이 그녀에게 웃음의 대상이 되었다. 그렇기 때문에 이러한 장엄함을 떠받드는 하수인들에게 한나 아렌트는 참기 어려운 존재였다. 이를테면 게오르게Stefan Anton George(1868~1933, 독일상징주의 시인 – 옮긴이)의 문학 세계 전체가 어쩌면… 그의 뛰어난 몇몇 시, 그것도 초기 시들과 칸토로비치Kantorowicz와 같은 학자가 남긴 몇 개의 중요한 학문적 업적을 제외하고는 아렌트에게 둘도 없는 웃음의 대상이었다."

여기서 말하는 웃음이란 해방을 의미하며, 자유를 만들어내기도 하고, 구속시키기도 하며, 내용상의 차이들을 유효하게 인정하기도 하고, 그 차이들이 새로운 동력이 되도록 한다.[18] 누군가 논쟁을 하는 가운데 혼자서 차이점에 몰두하여, 그것을 지명하고 그 차이를 고집한다면, 그 사람은 서로 분리되는 것만 강조할 뿐 대화를 하게 되어도 차이점만 더욱 커지고, 더욱 중요해지고, 더욱 뚜렷하게 될 것이다. 이와는 반대로 웃음은 가교 역할을 한다. 웃으면 파토스의 무게가 가벼워진다. 차이점과 다름의 체험들이 가볍게 부유하게 되고, 이 상태에서 보호된다. 웃음은 복수의 사람들 사이에서 아주 드물긴 하지만, 때론 무척 절실한 가교 가운데 하나의 역할을 하며, 어떻게든 사람들을 결속시킴에도 불구하고 동시에 일정한 거리를 유지한다.

야스퍼스는 한나 아렌트와 함께 아이러니의 웃음이 아닌 다른 웃음을 알게 되었다. 야스퍼스는 『예루살렘의 아이히만』에 쓰인 반어적인 어법에 대해 "책 전체를 통틀어 웃음이 관통하고 있다. 아주 작은 소리의 웃음(아이러니의 웃음)은 본래 진지함이 놓여야 할 바로 그 자리에서 우스꽝스러움을 느끼게 한다. 그것은 강력하면서도 해방감을 주는 웃음으로서, 비록 기대했던 웅장한 사원寺院 대신에 단지 공허함만이 드러날 때에 갖게 되는, 아무리 수치스러운 상황일지라도 해학을 알아차리는 웃음이다."라고 기록하였다. 이러한 깨달음의 장소는 진지함 속에서, 말하자면 사리분별을 한다는 전제하에 분석적인 사고를 가지고 발견할 수 없다. 심각하게 생각을 하는 사람은 아이히만과 같은 사람이 자신의 변론을 위해 "누구나 각자 깊이 생각을 하게 된다면, 우리는 도대체 어떻게 될까요."[19]라고 말한다는 사실을 도무지 납득할 수 없을 것이다. 생각하는 과정에서는 무엇인가가 사람들로 하여금 그러한 진지함에 접근하지 못하도록 한다. 반면에 웃음은 우리의 정신이 다른 차원에서 다시 진지함에 접근할 수 있도록 한다.

아이히만과 '당돌한 반어법'

1963년 아렌트는 그녀가 잘못된 어법을 채택했고, 그녀의 아이러니는 적합하지 않다고 비난을 받았다. 반어법은 아렌트를 비판하는 사람들의 눈에는 탈선이자, '아하밧 이스라엘Ahavat Israel'— 숄렘이 표현한 것처럼 '유대민족에 대한 사랑'—의 부족을 드러낸 것이었다. 반어법은 수사학의 한 장치로서 오랫동안 부정적인 어감을 갖고 있었다. '실상을 그 반대를 통해 표현하며 분명하게 전달하기 위해 강조하거나 그런 태도를 결합시키는 화법'은 정직하지 못한 것으로 간주되었다. 이러한 시각은 늦어도 슐레겔Schlegel이, 아이러니는 "말로 표현할 수 있는 것에 대한 한계를 자각하는 곳"[20]에서는 효과가 있다고 통찰한 이후부터 달라졌다. 슐레겔은 이 화법의 가치를 격상시켰고, 또한 이 화법을 통한 무모한 시도를 알아차렸다. 아이러니는 한편으로는 수사학적인 시그널이 필요하며, 또 다른 한편으로는 이 신호를 듣고 받아들일 준비가 된 사람들이 필요하다. 아이러니한 진지함을 수단으로 하여 작가 하인리히 하이네Heinrich Heine는 한때 독일어의 느낌표처럼 아이러니를 표기하는 '반어표'의 도입을 제안한 적이 있다. 유대인인 한나 아렌트가 유대인 학살자 아이히만을 '시온주의자'라고 일컬었을 때 그런 '반어표'가 있었다면 아마도 경이로움을 자아냈을 것이다.

철학자 글렌 그레이Glenn Gray는 아이히만 보고서를 읽고 난 후, 아렌트의 글은 사실 관계를 철저히 규명하고자 하는 성향이 특징이며 그 절실한 열망이 우리가 보통 갖고 있는 것보다 훨씬 강하다고 표현했다.[21] 칼 야스퍼스가 '웃음'이라는 장을 기획한 이유도 아렌트의 웃음이 진실에 더 다가가기 위한 이러한 '절실한 열망'에 속한다는 것을 알았기 때문이다. 오늘날에도 논쟁과 관련된 그때의 문서들을 사람들이 다시 읽게 되면, 그 당시 아이히만 책이 얼마나 큰 모험이었으며 얼마나 극적 사건이었는지 느낄 수 있다.

야만적이고 아주 심하게 반유대주의에 의해 동기부여가 된 살인자들의 이미지는 극도로 타당해 보였고 또 실용적이었다. 아렌트가 스스로『전체주의의 기원Elemente und Ursprünge totaler Herrschaft』에서 짐작했던 것처럼, 사람들은 나치가 매우 극단적인 악당이었다는 생각에서 벗어나려 하지 않았다. 아렌트가 그 당시에 기술한 것처럼, 사람들은 비록 극단적인 악에 대해 개념적으로 이해할 수는 없지만, "그러나 모든 것이 가능함을 입증하기 위한 노력을 동해, 전체주의적 시배가 본래는 그것을 의도하지 않았다고 하더라도, 실제

극단적 악이 존재한다는 사실을 발견했다."[22]

　'선한 사람들'로 돌연변이를 한 독일인들은 극악무도한 나치의 이미지를 가지고 더 쉽게 살아갈 수 있었다. 유대인을 강제수용소로 끌고 가서 살인을 저지른 가해자, 즉 그 독일인들은 '악한 사람들'이었고, 그들은 다른 독일인들이었다! 보통사람들 스스로가 극악무도한 괴물이 될 수는 없지 않은가. 유대인들도 본인 스스로와 자신의 민족을 인간의 탈을 쓴 악마의 희생자로 생각하는 편이 '어떤 천박한 것들'에게 당했다고 생각하는 것보다 '더 맘이 편했기' 때문에, 극악무도한 나치라는 이미지를 고수하는 것이 오히려 달가웠다.[23]

　사람들이 보통 이 주제에 접근할 때 써먹는, 이미 잘 알려진 지식과 격양된 어조는 아렌트의 관찰에 들어맞지 않았다. 로잘리 콜리Rosalie L. Colie, 메리 맥카시Mary McCarthy, 로버트 로웰Robert Lowell과 같은 작가들이 아렌트의 토론과 편지들을 통해 그녀만의 독특하고 독립적인 이미지를 알아챘다. 그들은 악에 대한 전통적이고 낭만주의적인 해석이 가지는 위험에 대해서와 마찬가지로 한나 아렌트가 '강제수용소-감상주의'에 내

포된 위험을 비껴갔다고 강조하였다.

　　이 작가들은 감상주의와 낭만주의가 현실에서
벌어진 사건을 대수롭지 않게 여기거나 고정관념 속
에 사유의 세계를 가두어 숨이 막히지 않도록 하는 반
면, 바로 그렇기 때문에 어떤 문제에 대해 깊이 성찰
하는 것을 방치하는 수단이라고 여겼다. 라인하르트
바움가르트Reinhart Baumgart는 "아렌트가 인종말살이라
는 이 정책에서 과거를 바탕으로 지속되는 무언가가
아닌, 하나의 모델로서 가능성이 있는 미래를 예고할
수 있는 어떤 것을 파악하고자 했다."고 진술했다.[24]
심문 과정에서 상투적인 말투와 내용 없는 진술을 쏟
아내지만 실제로는 수백만 유대인의 죽음에 공동책임
이 있는 나치친위대 지도자인 한 남자의 진정성, 스스
로를 시온주의 옹호자로 내세우지만 유대인 대학살
을 기획한 반유대주의자의 진정성, 이렇게 극도의 진
정성을 가진 아이히만이라는 인물이 너무나 천박하게
다가와, 이 남자와의 만남은 아렌트로 하여금 뭐라 말
로 표현할 수 없게 만들었다. 쇼크가 너무 컸다. 이런
것은 아직까지 존재한 적이 없었다. 이것은 전혀 예측
하지 못했다. 이러한 것을 이해할 수 있는 그 어떠한

사유방식도 없었다.

　분명한 것은 아렌트가 자신이 보고 들은 것에 대해 분석적으로 접근하여 보고서를 작성할 수 없었다는 사실이다. 반어법은 이 인물이 유발한 공포로부터 거리를 유지하기 위한 하나의 수단이었다. 공포가 어떻게 "평온함으로 도약할 수 있었는지"(야스퍼스)는 의문으로 남아 있다.

　아렌트의 혼란은 그녀 스스로 질문하고, 대답하고, 망설이며, 다시 질문을 이어가는 식으로 르포를 작성하게 한 출발점이었다. 그녀는 독자를 이 과정에 참여시켰으며, 이것이 아렌트의 책이 보여주는 질적 수준이다. 실제로 벌어진 사건에 대면하는 도전적 용기, 그리고 아렌트가 이를 기술하기 위해 선택한 어법에 대한 도전적 용기는 어쩌면 사람들이 느끼는 것보다 훨씬 더 강한 연관성을 가질 수 있다. 아렌트가 자신이 보고 들은 것으로부터 내적인 움직임을 포착하기 위해, 익숙한 도덕적 판단을 무시하고 자신의 분노를 포함하여 아이히만에 대해 익숙했던 분노를 중지시키고자 했을 때, 말하자면 아렌트가 오리엔테이션(방향 지시)을 포기했을 때, 독자들도 도대체 어떤 감

정이 적합한 것인지 방향감각을 상실하였다. 그녀만
큼이나 독자들도 완전히 갈피를 잡지 못했다. 이것이
야말로 확실히 큰 도전이다. 극악무도함에 대한 기존
의 이미지가 더 이상 들어맞지 않을 때, 작가와 마찬
가지로 독자들은 자신의 상상력을 새로 가동시켜야
한다.

사유의 숨고르기

비평가들은 아이히만에 대한 한나 아렌트의 '웃
음'이 거만하고 불손하다고 되풀이하여 평가했으나
그것이 아주 틀린 말은 아니었다. 그 웃음에는 두 가
지 측면이 있다. 웃는 사람은 한편으로 같은 공간 속
에 함께 있는 다른 사람들과 공유할 수 있는 공동의
음을 만들고, 동시에 다른 사람들에게 자신의 치아를
둘러싼 '울타리'(플라톤)를 드러낸다. 이러한 공격성
은 항상 스스로 무기력해질 수 있는 위험성에 대항하
는 것이며, 전해 내려오거나 이전에 이미 짜맞춘 생각
의 틀에 머물고자 하는 유혹에 대항하는 것이다. 마치

문장의 운을 맞추지 않아 생기는 엉뚱함처럼 아렌트의 웃음은 무엇인가 일치하지 않는 웃음이었다. 생각을 잠시 고르며 숨을 들이쉬는 것처럼. 그 어떤 설명도 할 수 없는 무언가와 마주칠 때 웃거나 '위트'를 사용하여 대꾸하게 된다.[25] 왜냐하면 웃음이 반-작용의 역할을 하는 반면, 아이러니와 위트는 말하기, 곧 작용이 되기 때문이다. 반어법은 허튼소리에 대해 '참고 싶어 하지 않는 것'과 '참을 수 없는 것'을 표현한다.

위트는 다양한 것들 중에서 쉽고 빠르게 비슷한 것을 포착할 수 있는 누군가가 가질 수 있다. 재치가 있는 사람은 종종 상상력(연상)의 법칙에 따를 것 같으면 서로 상당히 거리를 두고 떨어져 있는 상이한 현상들과 관련하여 학습을 통해서는 배울 수 없는 "유사한 것을 찾아내는ー독특한ー능력"(칸트)을 지니고 있다.[26] 재치 있는 어떤 사람의 웃음은 멀리 동떨어진 것들을 연결시켜준다. 이것은 가브리엘 가르시아 마르케스Gabriel García Márquez가 언젠가 "승마에서 장애물을 넘는 점프와 같은 판타지의 점프"라고 명명한 그런 은유와 유사하다. 아렌트는 베노 폰 비제Benno von Wiese에게 쓴 편지에서 약간은 공격적으로, 그리고 약간은 정중하게 "우리가 시대정신에 굴복할 수밖에 없었다고 당신이 쓴다면, 이 말은 아주 그럴싸하게 들립니다. 만일 히틀러가 시대정신을 구현한 나폴레옹처럼 생긴 것이 아니라 결혼 사기꾼처럼 보였다는 점을 사람들이 잊어버린다면 말입니다."[27]라고 말했다.

위트는 메타포와 마찬가지로 유사한 것을 찾아내면서 세상의 새로운 결속을 만들어내며, 정신적인 차이와 인간 상호 간의 균열들을 화해시킨다. 그 밖에도 위트는 언어수행적인 행위로서 다른 이들이 함께 웃도록 하려는 의도가 담겨 있다. 1963년 아렌트의 다른 경우에서도 바로 눈앞에서 서로 일치하지 않는 것들을 화해시키는 그런 종류의 웃음을 전해 들을 수 있다. 같은 해에 귄터 가우스Günter Gaus가 한나 아렌트를 텔레비전 인터뷰에 초대하였다. 〈인물에 관하여Zur Person〉라는 시리즈로, 아렌트의 삶과 작품에 관한 인터뷰가 실렸다. 당시 촬영된 필름자료를 오늘날 다시 보면 몹시 놀라게 된다. 아렌트는 담배를 피우고 또 피우고 있고, 시청자들은 그녀가 말을 하지 않아도 그녀의 생각하는 바를 경청하며 바라보고 있다는 느낌을 갖게 된다. 한 부분에서 아렌트는 1933년에 자신

의 지식인 친구들이 국가사회주의로 전향한 데 대해
참을 수 없었다고 이야기하며, 자신의 주변을 둘러싼
텅 빈 공간에 대해 말하였다. 한나 아렌트는 독일을
떠난 지 30년이 지났지만, 여전히 그러한 경험을 하나
의 완전한 문장으로 표현할 수 없었다. 아직도 표현할
단어가 없었다.

"…전향은 지식인들 사이에서 소위 전형적인
행동이었다고 확신할 수 있었습니다. 그리고
(여기서 그녀는 잠시 말을 잇지 못하다가 다시 아주
천천히) 다른 사람들 경우에는 그러지 않았지요."
(여기서 그녀의 목소리가 가라앉는다. 이후에
목소리는 다시 생기를 되찾으며 사유의 실마리는
계속 풀려나간다.) "…부인과 아이를 돌보기 위해
누군가가 순응했다면, 그에 대해 어느 누구도
그것을 악의로 해석하지 않았다는 것을 아실
것입니다. 그러나 정말 최악은 그들이 결국
나치즘을 진심으로 신봉했다는 것입니다! 짧은
시간 동안에, 어떤 이들에게는 아주 짧은 시간
동안에 그렇게 된 것입니다. 다시 말해서 그

웃음   55

사람들에겐 히틀러에 대해 뭔가 떠오르는 것이 있었는데 (꿀꺽 침을 삼키며) 어떤 것들은 엄청나게 흥미로운 것이었습니다! 아니! 아주 환상적으로 흥미롭고 복잡한, (목소리가 웃음에 가려진다) 음, 보통의 수준을 넘어서는, 고도로 넘어서는 것들이었습니다! (통상 빠르고 논리 정연하게 말하는 아렌트가 이야기 도중에 묘한 웃음을 주체하지 못한다. 그리고 나선 다시 거침없는 달변으로 돌아온다.) 저는 그것이 매우 그로테스크하게 느껴졌습니다. 이를테면 그들은 자신들이 쳐놓은 기발한 아이디어의 덫에 빠져들었다고 볼 수 있겠지요."[28]

30년이 지난 후에도 그녀가 경험한 것은 웃지 않고는 회상할 수 없었다. 마치 베노 폰 비제가 베를린의 오피츠가에서 살고 있던 그녀를 찾아와서 "얼마나 대단한 시대에 우리가 살고 있는가!"라고 선언했던 때처럼, 또는 하이데거가 총장 취임 연설에서 "이 위대함, 민족적 각성의 고귀함"을 찬미하면서 플라톤의 세 가지 계급인 '생산계급, 전사계급, 통치계급'에 빗대어 국가사회주의를 '노동서비스', '병역', '지식서

비스'로 구성된 삼위일체라고 미화했을 때와 마찬가
지로. 이러한 사태가 그렇게 지독하게 진지하지 않았
더라면, 이것은 그렇게까지 우스꽝스럽진 않았을 것
이다.

건강에 좋은 횡격막의 움직임

'건강에 좋은 횡격막의 움직임'(칸트)인 웃음은
신체적으로 풀어주기, 즉 느슨하게 풀어줄 수 있는 능
력에 기반한다. 사람들은 풀어주기를 통해 선을 넘어
서는 행위, 혹은 자유롭게 선을 넘어서는 어떤 순간을
만들어낸다. 그것은 불가피하게 평상시의 사리분별
안에 머무르는 것 이상을 요구하는 어떤 순간이다.

사람들이 한계상황에 처하게 되거나 혹은 답변
을 할 수 없는 질문에 직면하게 되면 웃거나 울게 된
다.[29] 마음이 통제력을 잃게 되기 때문이다. 사람들이
울 때는—파토스의 우울함 속에서—근육이 이완되
고, 웃을 때는 긴장된 상태로 돌입한다. 아렌트는 충
격으로 인해 느슨해지기보다 긴장된 상태를 선택했

다. 더 이상 잃어버릴 시간이 없다. 결국 진실을 대하는 모든 진지함("진실에 다가가기 위한 더 깊은 열망")이 걸린 문제이다.

그러나 웃음은 이내 사라진다. 사람들이 머릿속에는 괴물 같은 살인자들에 대한 수많은 상상과 이미지를 아무리 간직할 수 있다고 하더라도, 그리고 귓가에서는 우리가 강제수용소를 배경으로 하는 영화를 통해 아는 바와 같이 나치친위대들의 고함소리와 개 짖는 소리가 아직도 쟁쟁하게 울리는 상황들을 어떻게든 대면할 수 있다고 하더라도,—그런 상황에서 너무 당연한 것처럼, 너무 고지식하게 본인은 어차피 어떤 결정권도 없었기 때문에 유대인들이 어디로 추방되든지 자신한테는 전혀 상관이 없었다고 말하는 이 배후조종자(독일어 Schreibtischtäter로 소위 탁상범죄자, 즉 관료주의 뒤에 숨어 펜대로 범죄를 저지르는 사람을 일컬음-옮긴이)에게 어떻게 맞설 수 있을까? 아렌트는 그를 '어릿광대'라고 불렀다. 코미디언을 말하는 것일까? 아렌트는 세상을 선입견이나 기존의 세계관, 혹은 살아가는 데 필요한 얼마간의 거짓말을 사용하여 이해되는 것, 즉 도출되는 것이라는 의미로 제한하는 대신에 실제 있는 그대로 파악하기를 원했다.

자신의 고유한 사유와 자신이 만들어낸 고유한 개념들로 하여금 실제 경험한 현실에 의해 충격을 받게 하여 보다 더 진실에 다가가기 위해 노력한 끝에, 스스로 지금까지 칸트의 의미에서 악의 극단성에 대해 이야기했던 아렌트가 책의 마지막 장에서는 '악의 평범성'을 세상에 내놓았다. 이것은 웃음 덕분에 가능하긴 하였지만, '이성적으로' 충분히 검증하고 추론하지 않았다면, 보통 이성에 한정된 상황에서는 그렇게 간단히 텍스트로 수렴될 수 있는 통찰이 아니었다.

발터 벤야민이 「센트럴 파크Zentralpark」에서 가정한 것처럼, 어쩌면 사람들은 웃음을 통하지 않고서는 성찰할 수 없는 고유한 내적 영역을 실제로 웃음으로써 이해할 수 있는지도 모른다. 갑자기 '악의 평범성'이라는 개념이 책 제목의 일부가 되었다. 아렌트는 숄렘에게 자신이 악에 대한 기존의 생각에서 벗어난 것에 관해 "실제 악이란 항상 극단적일 뿐 결코 근본적이지 않고, 깊이도 없으며, 어떤 마력도 지니지 않았다는 것이 오늘날 저의 생각입니다. 악은 바로 곰팡이처럼 표면에서 우후죽순으로 번질 수 있기 때문에 온 세상을 망칠 수 있습니다. 오직 선한 것만이 깊이가 있으면서 근본적입니다. 칸트의 근본적인 악에 대해 다시 읽어본다면, 그것이 '저급한 그릇됨' 그 이상을 의도하지 않았다는 것을 알 수 있을 것입니다. 그리고 이것은 심리학적인 개념이지 형이상학적인 개념이 아닙니다."[30]라고 썼다. 이것이 엄청나게 끔찍한 범죄를 저지른 이 아주 볼품없는 아이히만이라는 인간을 두고 하는 말이 아니고 무엇인가!

아이러니는 파토스의 크기가 고통의 크기를 압도하여 숨죽이게 한다거나 이성의 힘이 빠져서인지 비극이 비극적인 것에 대해 말하지 못할 때, 이에 대한 근본적인 실태를 규명하기 위해 비극적인 것에 관하여 이야기하는 것이다. 아렌트의 웃음은 신학자, 철학자, 지식인이 일찍이 아주 면밀하게 짜놓은 도덕에 관한 직조를 느슨하게 풀어놓았다. 이러한 도덕 체계는 '동기 없이' 저지른 대학살이라는 현상에 대해 어떤 준비도 되어 있지 않았고 거기에 대해 전혀 할 말도 없었다. 반면에 웃음은 도덕이나 윤리로도 접근할 수 없던 사건에 대해 비로소 사유의 단초를 제공하였다.

그 후 얼마 지나지 않아 아렌트는 비슷한 웃음

과 마주치게 되었다. 전후 관계에서 바라볼 때 이 경우는 더욱 악의가 없어 보인다. 아렌트는 한 저녁식사 자리에서 러시아 출신의 프랑스 작가 나탈리 사로트Nathalie Sarraute를 알게 되었고, 만나자마자 곧 영혼이 통하는 듯한 느낌을 갖게 되었다. 사로트의 소설들은 대중민주주의 시대를 살아가는 지식인들이 지극히 통상적인 전향을 하면서도 본인들이 본질적으로 방향감각을 잃었다는 사실을 인정하지 않은 채 계속 떠들어대는 것이 어떻게 작동하는지를 섬뜩할 정도로 정확하게 묘사했다. "지식인들의 반란La trahison des clercs? 웃기고 있네! 이 피조물들이 도대체 어떤 비밀을 알려줄 수 있는데?"라고 아렌트는 사로트를 인용하였다. 그녀의 소설 『플라네타리움Le Planétarium』은 진정한 코미디로서 "이 작품은 모든 훌륭한 희극작품이 그러하듯 치명적인 진지함과 관련되어 있다." 이를테면 사로트가 그녀의 웃음을 통해 어느 날 "아주 미미하더라도 위조되지 않고 일그러짐이 없는 실상"에 들이닥칠 수 있는 희망을 위해 작은 문을 열어두고자 한다는 사실과도 연관된다.[31]

개념 없는 행동

한나 아렌트에게는 그녀와 마찬가지로 1906년
에 태어난 아돌프 아이히만이 상투적인 말, 규범, 진
부한 표현들에 길들여진, 상급자에게 종속적인 사람
의 전형처럼 보였다. 아이히만은 자신이 직접 증언
한 것처럼, 자신이 어떤 일을 저질렀는지 실제로 단
한 번도 상상해본 적이 없었다. 바로 이것이 아렌트가
'피상적'이라고 지칭하는 부분이며, 니체가 위험에 처
한 '최후의 인간'(니체가 '초인'에 대해 부정적으로 쓴 반
대개념 - 옮긴이)이라고 쓴 구절을 연상시킨다. 이 부류
의 사람들은 점점 더 고집스럽게 자신이 지금까지 지
탱해온 본성의 단지 피상적인 표면에 적응하고자 하
며, 이러한 표면들의 평평함을 지구상에서 유일한 체
류공간으로 인정하려 한다.

아이히만은 1957년 아르헨티나에서 진행된 윌
렘 사센Willem Sassen과의 인터뷰에서 그가 속했던 국가
사회주의에 대한 소속감을 다음과 같이 밝힌 바 있다.

"자유를 위해 싸우는 광신적인 투사의 혈통을

가진 나는 이 신중한 관료직에 합류했습니다."

그러나 모든 뻔한 얘기는 뒤로하고, 아우슈비츠를 방문한 후 사람들을 태운 열차를 보면서 뭔가 고민스럽지 않았느냐는 질문을 받자, 아이히만은 "그중 어떤 사람이 죽을지 살지 몰랐다는 것이 나의 유일한 입장입니다."[32]라고 대답했다. 그는 단지 아무런 생각도 하고 싶지 않았다.

이러한 현상이 아렌트에게 완전히 낯설지는 않았지만, 아이히만을 통해 새로운 차원을 획득하였다. 라이너 마리아 릴케Rainer Maria Rilke는 『두이노의 비가 Duineser Elegien』에서 현대사회에 불어닥칠 세계의 상실감을 단언한 바 있다. "그 어느 때보다도 체험할 수 있는 일들이 훨씬 더 많이 소멸되어간다. 왜냐하면 아무 생각 없이 저지를 일들이 더 많이 체험할 수 있는 것들을 밀어내며 대신하기 때문이다." 아렌트는 아이히만의 '전례 없는 행동'을 묘사하기 위해 보고서에서 그가 처형 직전에 남긴 소름 끼치도록 코믹한 마지막 말을 상세하게 분석하였다. "여러분, 잠시 후면 우리는 어차피 모두 다시 만날 것입니다. 이것이 모든 인간의 운명입니다. 저는 사는 동안 경건한 사람이었고, 그렇게 경건하게 죽을 것입니다." 아렌트는 이 문장에 담긴 부조리가 궁극적으로 그가 나치 스타일로 "경건하다"는 말을 끌어들인 것뿐만이 아니라, 나치들이 믿지도 않았던 사후세계를 가정했다는 것에 있다고 아이히만 책에서 밝혔다.

　　이 외에도 아이히만이 사용하는 문장에는 그 세대들이 흔히 사용하던 관용구들이 쌓여 있다. "시간이 조금 지나면, 우리는 다시 못 보겠지만, 또 시간이 조금 더 지나면, 우리는 모두 다시 만나게 될 겁니다." 이 말은 나사렛 예수가 죽음 직전에 겟세마네 동산에서 제자들에게 했던 말이다. 그리고 영화 〈M, 살인자를 쫓는 도시M-Eine Stadt sucht einen Mörder〉(1931)에는 그 당시에 유명한 유행가를 변형한 대사가 들어 있다.[33] "기다려, 조금만 기다려, 곧 너에게도 하르만Haarmann이 찾아갈 거야, 작은 도끼를 가지고 너를 간소시지로 만들어버릴 거야." 상투적인 표현으로 전락한 이 두 개의 인용구는 아이히만이 말한 '조금 지나면'에 함께 투영되어 있다. 아이히만의 무의식에는 저속한 유행가에 나오는 변질된 목가적 풍경과 성경에 나오는 사후세계에 대한 약속이 융합되어 있다. 이렇듯 인용구와 상투적인 문장들이 공허하게 콤비를 이루는 것이 누가 뭐라고 해도 코믹의 원조가 아닐 수 없다.

한나 아렌트가 친구 메리 매카시에게 고백한 것처럼, 아이히만 보고서를 작성한 것은 그녀에게 일종의 해방을 의미했다. 매카시는 『파르티잔 리뷰Partisan Review』를 위해 쓴 서평 「강력한 항의The Hue and Cry」에서 아렌트의 아이히만 책이 그녀에게 "도덕적으로 신선한" 자극이 되었다고 했다. 그녀의 표현에 따르면, 이 책은 증오의 노래가 아니라 초월적인 것을 염원하는 성가였다. 또 다른 부분에서 메리 매카시는 (헨델의) '「메시아」에 나오는 마지막 합창처럼'이라든가 '구원'에 대해 언급하였다. 또한 매카시는 "독자들이 재판 과정을 스스로의 통찰력으로 조망할 수 있도록 높이 들어 올려졌다."[34]고 했다. 즉 독자들이 판단할 수 있도록 하기 위함이었다. 아렌트에 대한 공격이 시작되었을 때 매카시는 자신의 글이 괜한 오해를 불러일으키고 아렌트에게 불리하게 사용되지 않았을까 걱정하여 친구에게 사과를 하였다. 그러나 아렌트는 실제로 아이히만 책을 '일종의 도취상태'에서 썼기 때문에 오히려 「메시아」와의 비교를 반겼다. 비록 비정한 사람으로 비치게 될까 봐 아렌트가 큰 소리로 말할 용기는 없었으나, 실제로 이 사건이 발생한 이후 처음으로 그녀는 "마음이 홀가분해졌다."고 한다.

아렌트가 이렇듯 마음이 가벼워지기까지는 길고도 험난한 길을 지나야 했다. 재판일정에 참석한 나날들, 수많은 자료와 심문과정을 기록한 보고서 검토, 강제수용소에서 살아온 생존자들과의 만남과 그들의 증언, 개인적으로 수집한 관찰자료, 친구들이나 낯선 사람들과의 논쟁, 신문에서 발췌한 글에 대한 평가 등. 그리고 무엇보다 유대인을 말살하겠다는 의지에서 비롯된, 도무지 이해할 수 없는 이 현실은 고난 그 자체였다. 만일 사람들이 오랫동안 스스로를 혼란스럽게 했던 무언가에 대해 드디어 적절한 은유를 찾거나 혹은 기존의 사상에 얽혀 있는 애매함을 풀어주는 개념을 찾았다면, 아렌트가 친구에게 쓴 편지에서 언급한 도취상태가 실제 저 특별히 행복한 경험의 근거라고 해도 좋을 것이다. 아렌트의 웃음은 그녀가 '악의 평범성'이라고 명명한 그 번득이는 착상이 떠올랐던 순간, 사리분별을 초월하여 사물과 세상을 뒤흔들어 놓았다. 분명히 이전에 이미 비슷한 것을 표현했던 다른 사람들이 있었지만, 아렌트는 이제 이 개념을 세상 밖에 알려 퍼뜨리고 이것을 세상 사람들에게 맡겼다. 이제부터 이 개념은 아렌트의 이름과 묶이고, 아렌트도 이 개념과 묶이게 되었다.

웃음의 성과

1945년 아렌트는 한 에세이에서 하인리히 힘믈러Heinrich Himmler의 우직한 외모를 빗대어, "그는 괴벨스Goebbels처럼 보헤미안도 아니고, 슈트라이허Streicher처럼 성범죄자도 아니고, 히틀러와 같이 도착증을 가진 광신자도 아니고, 괴링Göring과 같은 모험가"도 아니며, 오히려 일차적으로 "일정한 직장을 갖고 한 가정의 좋은 가장이 되어야 한다."는 생각을 가진 한 사람이었다고 언급했다.

"제 생각에는 아마 페기Péguy가 한 가정의 가장을 일컬어 '20세기의 위대한 모험가'라고 부른 것 같습니다. 이 말은 '연금, 생명보험, 부인과 아이들의 안정적인 생활보장을 위해 기꺼이 자신의 신념, 명예, 인간적인 존엄성까지 포기할 준비가 되어 있는, 그러나 자신의 의지와 상반된 모험가'라는 뜻이지요."[35] 이것은 아렌트가 그러한 인물에게 지적으로 다가가기 위한 시도였으나, 한 가지 질문이 그녀를 극도로 불안하게 하였다. 신념, 명예, 인간적인 존엄성을 한 번도 알지 못했던 사람들이 있을 수 있지 않을까? '악의 평범성'을 처음으로 언급함으로써 아렌트는 자신의 책 마지막 문장을 통해 우리와 스스로에게 '어떻게 이런 일이 발생할 수 있었을까?'라는 질문만 되풀이하는 사회에 대한 통찰을 하도록 하였다. 이것은 큰 폭풍을 몰고 왔다. 동시에 이 폭풍 덕택에 그녀의 작품세계는 새로운 장을 열게 되었다. 우선 1964년에 두 편의 에세이, 「독재치하에서 개인적인 책임에 관하여」와 「사유와 윤리의 관계에 대하여」가 발표되었다. 아렌트는 1965년에 「악에 관하여」라는 강의록에 "역사상 그 누구에 의해서도 자행되지 않은 가장 큰 악은 인간이 스스로 인격체이기를 거부한 것"[36]이라고 메모를 하였다. 이로써 「정신의 삶에 관하여Vom Leben des Geistes」 작업이 시작되었다. '생각이 없다는 것'에 대하여 곰곰

이 생각함으로써 사유가 무엇인지에 대해 생각하도록
하였다.

아렌트는 이 작품이 아이히만 논쟁으로부터 유
래되었다는 점을 알아보기 쉽게 하기 위해 "아이히만
에 관한 보고서에서 나는 악의 평범성에 대해 이야기
했다. 그 배후에는 어떠한 논제나 이론도 없지만, 나
는 이 표현이 악에 대한 기존―문학적, 신학적, 철학
적인―사유의 전통에 상반되는 것이라고 짐작하였
다."[37]라고 썼다. 아렌트는 사람들이 항상 모든 것을
새로 숙고하고 또 의문을 제기할 수 없다는 것을 잘
알았다.

> 판에 박힌 표현, 통용되는 상투어, 관습적으로
> 표준화된 표현방식과 행동양식은 사회적으로
> 용인된 기능을 가지고 있어 현실을 가리고, 또
> 모든 사건과 사실이 지속됨에 따라 우리로 하여금
> 이에 관심을 가지고 사유할 것에 대한 요구도
> 반대한다. 이 요구를 지속적으로 채우려 하는
> 사람들은 바로 지치게 될 것이다. 아이히만이
> 우리와 달랐던 점은 그가 이러한 요구를 전혀 알지

못했다는 것뿐이다.

이러한 생각의 부재가—우리가 잠시 멈추고 깊이
생각할 습관은 말할 것도 없고, 그런 시간이 거의
없는 일상생활에서 겪게 되는 지극히 평범한
경험은—나의 관심을 일깨웠다.

아렌트는 '악의 평범성'이라는 표현을 자신의 것
으로 만든 이후에도, 그녀의 의견에 따르면, 자신이
어떠한 권리로 그 표현을 소유하고 사용해도 되는지
에 대한 질문을 피할 수 없었다. 동기가 없는 악한 행
동이 가능한가에 대해서도 질문을 던졌다. 그리고 사
유하는 것 자체가 사람들로 하여금 악한 행동을 하는
것으로부터 멀어지게 하거나 그것을 하지 못하도록
미리 준비시키는 그런 조건에 속한다는 전제가 맞는
것인지에 대해서도 자문하였다.—웃음에 다양한 성
과가 뒤따랐다.

번역

'탁월한
우회로'

Han(nah)　한나(이름)

nah　가까운

fern　먼, 멀리 떨어진

here　hier　여기

two points　두 가지 점

disappointment　실망, 실망감

point of view　시각, 관점, 견해

view of points　점들을 바라보는
시각

no point　점이 없다, 아무런
의미가 없다, 무의미하다

Vorstellung　아이디어, 생각,
개념, 관념, 표상, 이미지(영어로는
'notion')

Not　위기, 곤경, 비상사태, 궁핍,
가난

(Not)ion　개념, 관념, 생각

Canvas　캔버스

kann was　무엇을 할 수 있다
(발음상 영어의 '캔버스'랑 매우
비슷함)

Leinwand　캔버스, 영화관의
스크린

Einwand　이의, 반대

Einwanderung　Immi(grat)ion
이주, 이민, 입국

Grat　산등, 산마루

Gratwanderung　산마루 타기
(구어체 표현, '서로 상반되는
두 가지를 모두 고려해야 하는
상황'을 뜻함)

hier　here　여기

übersetzen　번역하다, 옮기다,
건너편으로 넘기다

Exit　출구

Exil　추방, 유배, 망명

Liberty　자유

Liberté　(프랑스어로) 자유

Lieber Tee (T)　'차 마시는 것을
선호함'이라는 의미(프랑스어
'자유'와 비슷한 발음으로, '리베르
테'로 발음, 또한 'Tee'는 독일어의
'T' 발음과 동일함)

2 Striche　두 개의 선

3 Stiche　세 개의 선

Anfang　시작

HANNAH
FERN

HERE / HIER

TWO POINTS

DISAPPOINTMENT

POINT OF VIEW

VIEW OF POINTS

NO POINT

VORSTELLUNG
NOTION

CANVAS
KANN WAS

LEINWAND

EINWAND/ERUNG
IMMIGRATION

EXIT
EXIL

LIBERTY
LIBERTÉ
LIEBER TEE

HIER — HERE
ÜBERSETZEN

T
2 STRICHE
4
3 STRICHE
A
ANFANG

번역

'탁월한 우회로'

이것이 지금은 모든 것이지만 충분하지 않다
그래도 이것은 내가 아직 여기 있다는 것을
너희에게 말해줄 것이다.
자기 집이 어떠한지 세상에 보여주기 위해
벽돌을 지고 다니는 사람과 같은 내가.

베르톨트 브레히트Bertolt Brecht

한나 아렌트는 1935년 파리에서 마르틴 부버 Martin Buber에게 경의를 표하기 위하여 흥미로운 비교 분석을 하였다. 아렌트는 150년 전 유대인 해방운동이 시작될 당시 모제스 멘델스존Moses Mendelssohn의 새로운 성경 번역판이 젊은 유대인들을 이끌어 게토에서 나오게 하였다면, 1920년대에는 마르틴 부버와 프란츠 로젠츠바이크Franz Rosenzweig의 새로운 성경 번역 덕분에 (동화된) 유대인들이 다시 그들의 과거로 되돌아갈 수 있었다고 보았다. 두 가지 사건 모두 번역이라는 '탁월한 우회로' 덕분이라는 것이다. 1743년 오로지 히브리어와 서面이디시어만 할 줄 알았던 당시 14세의 모제스 멘델스존은 유대인과 짐승의 출입이 허용되지 않았던 시의 성문을 통과하여 베를린에 도착하였다. 그는 모세 5경을 새롭게 독일어로 번역하겠다는 결심을 하지만, 이 번역본을 라틴어가 아닌 히브리어 음역으로 출판할 생각이었다. 아렌트에 따르면, 멘델스존은 이 새로운 번역본을 통해 대다수가 이디시어로 말을 하면서 글은 히브리어만 읽을 줄 아는 당대의 유대인들을 독일 및 유럽의 계몽주의문화로 이끌어내는 데 성공하였다. 아렌트는 마르틴 부버와 프란츠 로젠츠바이크가 1920년대에 단행한 성경번역도 오늘날 이에 비견할 만한 공로로 인정할 수 있을 것이라고 보았다. 부버와 로젠츠바이크는 구약성경을 (신약시대 이후) 기독교화된 해석과 현대적인 철학적 해석들로부터 분리하여, 이 텍스트가 히브리어에서 유래한다는 것을 다시 인지시키는 독일어 번역본을 만들었다. 아렌트는 부버와 로젠츠바이크가 번역이라는 '탁월한 우회로'를 통해 (서구문명에) 동화된 유대인들이 다시 그들의 문화로 되돌아갈 수 있도록 인도했다고 보았다.[1] 1933년에 베를린에서 프랑스로 망명한 아렌트는 망명지인 파리에서 모제스 멘델스존에 대한 언급을 비롯하여 마르틴 부버에 대한 찬사를 모두 프랑스어로 썼다. 그 배경에는 시대적 격변기에 시도되는 번역이야말로 정신적, 문화적으로 궁지에 몰린 상황에도 영향을 끼칠 수 있으며, 게토의 장벽을 무너뜨리고, 문화적 활로를 열어주는 능력을 갖고 있다는 성찰이 들어 있었다. 모제스 멘델스존과 마찬가지로 부버와 로젠츠바이크는 단순히 언어의 수송 그 이상의 것을 이루어냈다. 그들은 번역작업을 통해 낯선 정신, 즉 다른 시대나 다른 문화권에 속해 있는 정신을 새로운 장소로 이주시켰다. 만일 문화전이가 일어나는 '이곳과 지금'이 개방되어 있고 대화를 받아줄 수 있는 곳이라면, 이러한 전이는 수용문화에 새로운 자극을 주고, 또한 사유이미지와 사유공간을 열어주는 힘이 있다. 이러한 종류의 개방성이야말로 가톨릭 교육을 받으며 성장한 람베르트 슈나이더Lambert Schneider가 1925년 자신이 새로 설립한 출판사의 첫 프로젝트를 위해 마르틴 부버에게 '구약성경'의 새로운 번역을 권하였을 때 의도한 바이기도 했다.[2]

한나 아렌트는 교양계층에 속한 독일계 유대인 가정에서 자랐다. 그녀는 먼저 라틴어와 프랑스어를, 나중에 그리스어를 배웠으며, 망명 중에 영어까지 더해졌으나 히브리어는 사실 제대로 할 줄 몰랐다.

아렌트는 1927년까지만 해도 자칭 '완전 동화된' 사람이라고 하였으나, 독일에서 나날이 심해지는 반유대주의에 직면하여 동화주의 비판자로 변하였다. 1933년 "다시는 절대로 이런 일이 없을 거야! 다시는 지적인 이야기에 손대지 않을 거야!"[3]라고 선언한 그녀의 절규는 당시의 충격이 얼마나 컸는지 잘 보여준다. 아렌트는 국가사회주의로 전향한 지식인 친구들보다 평범한 사람들이 오히려 시민의 용기와 상식을 더 많이 가졌다는 사실을 경험하였다. 아렌트가 나중에 그녀의 시대 전체가 경험한 전통의 완전한 몰락과 그 당시 자신이 겪었던 정신적 위기에 대해 묘사한 바와 같이, 사람들은 '사고력과 현실 인지능력'을 잃어버린 것 같았다. 이 세상은 기존의 전승되어온 세상과 사람에 대한 생각으로는 더 이상 파악될 수 없었다.[4] '유럽 휴머니즘'이 총체적으로 나락에 떨어질 수 있단 말인가?

아렌트는 이제부터 이민자로서 이중으로 부과된 불행의 메시지를 전달하는 메신저 역할을 하게 되었다. 이 메시지는 한편으로는 해방과 동화의 파탄을 의미하였고, 다른 한편으로는 사유와 사유능력의 항복을 의미하였다. 그녀는 이 메시지를 가방에 챙겨 1933년 프랑스로 망명을 떠났고, 1940년에는 미국으로 갔다. 그러나 미국은 프랑스와 달리 바이마르공화국을 떠나온 지식인들에게 전혀 매력이 없었다. 1차 세계대전으로부터 전혀 타격도 받지 않고, 이론적이고 예술적인 유럽의 근대가 품고 있는 극단적이고도 급진적인 질문에 대해 거의 알지 못하며, 파시즘과 스탈린주의의 급격한 등장에 대해서도 전혀 모르는 미국이라는 나라에 어떻게 사람들이 몸소 겪은 불행의 메시지를 '옮겨놓을' 수 있었을까? 이민자로서 '최후의 유럽인'이라는 명목하에 '전시용'(발터 벤야민의 악몽)으로 전락한 뒤 곳곳으로 끌려 다니는 것을 어떻게 막을 수 있었을까?

그 당시 이민자 가운데에서 음악가나 미술가들에게는 미국에서 자리를 잡는 것이 좀 더 쉬워 보였다. 그들 중 몇 명은 미국에서 (독립적인) 모더니즘의 선구자가 되기도 하였다. 독일에서 이민을 온 화가 한스 호프만Hans Hofman은 막스 에른스트Max Ernst, 자동 장치실험을 하는 초현실주의자들과 함께 멘토와 선생으로서, 많은 추상표현주의자들과 컬러필드페인팅 화가들을 선도하였고 그들을 지도하였다. 호프만의 제자로는 로버트 마더웰Robert Motherwell, 헬렌 프랑켄 탈러Helen Frankenthaler, 애슐리 고르키Ashley Gorky가 있다. 음악분야에서는 바이마르공화국 시대에 전통적인 음악 기법을 타파한 아놀드 쇤베르크Arnold Schönberg가 자기 스스로 외에는 다른 어떤 변수도 배제한 채 예술적 실험을 감행하는 극단적 아이디어를 특히 존 케이지John Cage에게 전수하였다. 이와는 대조적으로 자신의 언어권에서 추방된 모든 작가, 시인, 인문학자들은 망명 중에 단지 제한적으로만 그들의 활동을 펼칠 수 있었다.

　　미국에 도착했을 때 서른네 살이었던 한나 아렌트는 이러한 절망적인 상황에서도 필사적으로 용기를 잃지 않으려 했던 것 같다. 대서양을 건너 그녀가 가져온 끔찍한 '메시지'는 계몽, 이성, 인권을 뜻하던 유럽이 무너지고, 오랜 전통이 파탄에 이르렀다는 자괴감이었다. 아렌트는 본인 스스로는 물론 낯선 곳에 살고 있는 사람들이 이 '메시지'에 대해 깊이 생각해 볼 수 있도록 다시 '지적인 이야기'에 손을 댔다. 아렌트는 다시 글을 썼고, 그녀의 역사적인 대작 『전체주의의 기원Elemente und Ursprünge totaler Herrschaft』을 집필하기 시작하였다. 여기서 아렌트는 스스로 이 '메시지'를 사유의 세계로 옮겨놓고자 시도했으며, 1949년 이 작품이 영어로 출간되었다.

이민자가 낯선 땅에서 이루어야 할 문화적 성과에는 새로운 나라의 언어, 문화, 정치에 대한 점차적인 적응이 속한다. 이것은 동화와 혼동하면 안 되는 적응능력이다. 멘델스존이나 부버, 로젠츠바이크와 마찬가지로 아렌트 또한 활발하게 다국어와 다국적 문화를 실제 현실에 적용하였다. 그녀는 두 개의 문화에 끼인 채 엉거주춤 살지 않았고, 대서양 바다 한가운데 집을 짓는 것과 같은 허황된 꿈을 꾸지 않았다. 요아힘 페스트Joachim Fest에게 이야기한 것처럼, 아렌트는 이도 저도 아닌 중간 지대의 체류를 원치 않았다. "내 방식으로 생각하고 평가하는 것을 보면 나는 아직도 쾨니히스베르크 출신이야. 이따금 이 사실을 스스로 감추기도 하지. 어쩔 수 없지만, 사실이 그래. 내가 미국인이라고 할 때는 말하자면 순전히 정치적인 관점에서만 그렇다네." 여기서 쾨니히스베르크 출신이라 함은 독일문화, 유대인문화, 고대 그리스문화로부터 그리고 아렌트의 어머니가 지향한 사회주의적 이상으로부터 다소 영향을 받았다는 것을 의미한다. 아렌트가 미국에 도착해서 1935년에 언급한 광범위하고 문화적인 의미를 갖는 '번역'이라는 컨셉에 대해 계속 생각하고 있었다는 사실이 1947년 출판된 에세이 『문화적 분위기를 만들다Creating a Cultural Atmosphere』에 잘 나타나 있다. 여기서 아렌트는 '유대인문화'의 생성을 지지하였다. 그녀의 분석에 따르면, 유대인들에게 모더니즘이 '동화'를 의미했다면 이제 그곳으로부터 벗어나야 하며, 전통이란 것이 율법을 고수하는 데 몰두하거나 민속적인 성향으로 빠져버렸다면 그 전통으로부터 유대인들이 벗어나야 한다는 것이다. 그 당시 쇼켄 북스Schocken Books라는 출판사에서 일하고 있던 아렌트는 발터 벤야민이 말한 종교적인 전통의 세속적인 해석을 본받고 계승하기 위해선 형이상학적이고 포스트성경적인 유대인의 위대한 전통을 종교학자들로부터 빼앗아 현대인들의 세속적인 삶에 '옮겨놓아야(번역되어야)' 한다고 요구했다. 독자적이고도 활발한 아렌트의 번역은 본래 물질적, 정신적 곤경으로부터, 즉 막다른 골목에서 생겨났고, 이로부터 그녀가 알고 있던 많은 사물들은 최소한 두 가지 이상의 이름을 갖게 되었다. 모제스 멘델스존이나 마르틴 부버, 프란츠 로젠츠바이크에게서 그렇듯이 번역은 언어적인 차원과 더불어 사색적인—정신적인—모험의 차원을 갖는다. 이것은 그녀의 작품을 관통하는 것으로서 미국 및 독일의 공론장에서 진가를 발휘한 그녀의 철학적 활동, 그녀의 글쓰기와 목소리를 의미한다.

미국의 공론장에 들어서다

아렌트가 다행스럽게 망명에 성공한 이후 미국에서 처음으로 글을 실은 잡지 『재건Der Aufbau』은 좀 독특한 경우였다. 두 개의 언어로 발행된 이 잡지는 다른 보통의 망명신문들과는 달리 그 어떠한 정치성 향도 띠지 않았다. 독일 및 오스트리아에서 온 많은 이민자들에게 『재건』은 언어의 환승지대였다. 독일어를 하는 작가들은 독일어로 글을 썼고, 소수이긴 하지만 영어를 하는 작가들은 영어로 글을 썼다. 이렇게 하여 이 잡지는 아직 망명지의 언어를 재량껏 사용할 수 없는 이민자들이 글을 쓰면서 낯선 공론장에 처음으로 진입하여 자신들의 고유한 의견을 소통시킬 수 있고, 또한 이런 임시처소에서 글을 쓰면서도 정신적으로나마 잠시 정주할 수 있는 플랫폼을 제공하였다. 한나 아렌트가 독일어로 쓴 『재건』 텍스트에 삽입한 첫 인용구는 다음의 영어 시구이다.

It is the logic of our times,
No subject for immortal verse,
That we, who lived by honest dreams,
defend the bad against the worst.[5]

이것은 우리 시대의 논리이다

불멸의 시를 위한 주제가 아니다
정직한 꿈을 꾸며 살아온 우리가
최악에 대항하여 차악次惡을 옹호한다는 것은

    그녀가 유대인 정치에 관해 독일어로 작성한 에세이에 마치 외국어로 된 상감장식처럼 보이는 이 시구는 아렌트와 나이가 거의 비슷한 아일랜드계 영국 시인 세실 데이 루이스Cecil Day-Lewis가 쓴 것으로, 아렌트의 옮겨-놓기(번역)로 가는 도상에서 작은 가교의 역할을 하였다. 이 인용문은 암묵적으로 "우리 이민자들이 혼자가 아니며, 우리가 걱정과 '정직한 꿈'의 상실을 서로 나누고 있고, 여러분들 또한 이 세상이 모든 사람들에게 풀리지 않은 의문으로 남아 있다는 것을 알고 있다."고 말해준다.
    우리는 언어의 상실과 더불어 순수한 문화적 관계의 상실과 자연스러움, 단순함, 자유로움을 잃어버렸다. 이 사실은 돌이킬 수 없다. 망명이란 이제부터 모든 표현, 만남, 감정, 몸짓, 반응이 의심할 여지없이 항상 옮겨져야 하며, 번역되어야 한다는 것을 의미했다. 즉 강조되고 설명되고 옮겨놓아야 한다는 것을 뜻했다. 매번 언어적 표현이 상이하다는 이유만으로 장애가 생긴다. 아니면 이민자로서 매 순간마다 매 단어마다 그 어떤 제스처마다 넘어서야 하는 문턱이라는 표현이 더 낫겠다. "그 어떤 것도 … 정해진 제자리에 놓인 것은 없다. 모든 것이 망명 중이다."(숄렘)

혼성의 축제

"언어의 문제"[6]에 있어서 평생 '약간의 두려움'을 지녔던 아렌트는 1940년대 초반 『재건』에 발표할 수 없었던 글을 위해 중개인의 도움이 필요했다. 아렌트의 글이 '문턱'을 넘어서 새로운 공론장에 당도할 수 있도록 누군가 그녀의 영문을 수정해야 했다. 아렌트의 글이 처음으로 언어의 장벽을 넘을 수 있도록 그녀의 '독일버전 영어 — 뎅글리쉬Denglisch'를 옮겨주고 영어로 만들어준 첫 번째 사람들은 친구 랜달 자렐Randall Jarell과 로즈 파이텔손Rose Feitelson이었다. 자신이 말하고자 하는 것을 제대로 표현하지 못하는 것은 고통스러운 경험이었다.

그럼에도 불구하고 아렌트는 이 한계를 새로운 기회로 인식하였다. 번역은 미국 생활 초반에는 망명 생활의 곤궁한 처지에 동반되는 불가피한 실습이었으나 점점 생동하는 사유의 단초가 되었다. 미국에 당도한 지 23년이 지난 1964년에도 아렌트는 다음과 같이 기술하였다.

> 저는 영어로 글을 쓰지만, 단 한 번도 거리감을 느끼지 않은 적이 없습니다. 그 어떤 언어도 모국어와는 엄청난 차이가 있습니다. 저의 경우를 예로 들어, 저는 이 부분에 대해서 매우 간단하게 말씀드릴 수 있습니다. 저는 독일어로 상당히 많은 시를 외워서 알고 있습니다. 어떻게 해서 그런지 모르겠으나 항상 이 시구들이 되살아나 떠돕니다. 제 마음 깊은 곳에서요. 영어로는 절대로 스스로에게 허용하지 않을 것을 독일어로 쓰게 되면 허용하게 됩니다 … 사람에 따라서는 모국어를 잊어버릴 수 있습니다 … 제가 직접 보기도 했지요. 그런 사람들은 외국어를 저보다 훨씬 더 잘 구사합니다. 그러나 사람들이 모국어를

잊게 되면 모국어에서 갖게 되는 생산성도 함께 훼손되기 때문에, 새롭게 배운 언어란 그저 서툰 모방에 그칠 수 있습니다.[7]

아렌트와 마찬가지로 다른 이민자들도 "몹시 역겨운 '이민자언어의 잡탕'"(장 아메리Jean Améry)에 빠질 수 있는 추락의 위험성을 경고하였다.[8] 그러나 많은 망명작가들과 달리 이론가였던 아렌트는 자신과의 대화를 통한 사유 활동을 통해서 또는 독일어로 쓰인 다양한 시대의 작품에 남긴 작가들의 생각과 교류하면서 책상에 앉아 독일어를 사용하였을 뿐만 아니라, 남편 하인리히 블뤼허Heinrich Blücher와 동료 집단이기도 하면서 그녀처럼 순전히 '옮겨진 친구들'과 독일어로 이야기하였다. 그중에는 러시아 출신으로 아얄티Ayalti라는 필명으로 활동하였고 파리에서 아렌트에게 히브리어를 가르쳐준 이디시어 시인 채넌 클렌보르트Chanan Klenbort, 블뤼허의 친구이자 파리에서부터 친분을 유지해온 화가 칼 하이덴라이히Carl Heidenreich, 사진작가이자 스페인 내전에 참전하였던 페터 후버Peter Huber, 작가 샬로테 베라트Charlotte Beradt가 속해 있다. 그 이후에는 헤르만 브로흐Hermann Broch, 힐데 프랭켈Hilde Fränkel, 줄리 브라운 포겔슈타인Julie Braun-Vogelstein이 동참하였다.

언어가 계속 살아남기 위해서는 항상 새롭게 현재에 내맡겨져야 한다. 언어는 문학이 갖고 있는 언어 재생능력을 그리고 은유가 갖고 있는 (옮겨놓는, 양도하는) 추동력을 필요로 한다. 은유와 연상 그리고 자율, 인권, 자유와 같은 개념은 구체적인 상황에 대한 순전한 관찰로부터 생겨난 사유를 운반하며, 그 모든 파탄에도 불구하고 인간세상을 지탱하는 철학적 가설에 관한 인식을 제공한다.[9] 이러한 방식으로 예술에서는 기브 앤 테이크가 형성된다. 보이지 않는 것을 묘사하기 위해 보이는 것을 활용한[10] 은유는 예술가에게 영감을 주게 되고, 예술가는 글을 쓰면서 새로운 이미지를 탄생시킨다. 이방인에게는 아무리 시간이 오래 지난다고 해도 새로운 언어의 제국에서 이렇게 생산적인 기브 앤 테이크 과정에 활발하게 참여하기란 쉽지 않다.

루마니아 독재로부터 도망쳐 나온 이민자이자 자신의 언어공간에서도 추방된 작가 헤르타 뮐러Herta

Müller는 이미지에 들어 있는 그런 기브 앤 테이크의
원리에서 발생하는 진실에 관해 약간의 힌트를 준다.
"저는 언어를 믿지 않습니다. 제 스스로를 통해 가장
잘 아는 것은 언어가 정확성을 기하기 위해 제 것이
아닌 무언가를 항상 취한다는 것입니다. 언어의 이미
지들은 왜 이렇게 도벽이 있는 것일까요. 왜 가장 타
당한 비유가 제 것이 아닌 특성들을 빼앗아 오는 것
일까요. 되풀이되어 입증된 바에 따르면, 허구를 통해
비로소 예상치 못한 반전이 발생하고, 문장에 들어 있
는 이러한 가상의 반전이 비로소 현실에 더 가깝게 다
가가도록 만든다는 점입니다."[11] 그러나 망명자가 외
국어에 관한 충분한 지식을 습득하여, 낯선 언어로 된
텍스트에서 이러한 '가상의 반전'을 인지하기까지는
오랜 시간이 걸리게 된다.

　　한나 아렌트가 독일 문학 안에서 성장하긴 했지
만, 그녀는 현실에 대한 공포를 의미의 전달과는 무
관하게 단어와 문자를 절단시켜 난해한 이미지로 옮
겨놓았던 독일의 문학사조인 다다이즘을 전혀 활용
할 수 없었다. 문학 작가가 아니었던 그녀는 그 당시
미국에서 낯선 언어를 소재로 하여 자유롭고 독자적

으로 문학적 시구를 만드는 것과는 분명 거리가 멀었다. 아렌트와 친분이 있던 유행가 작사가 로버트 길버트Robert Gilbert(그는 멕시코의 산 이름 포포카테페틀Popocatepetl을 과거 동유럽에 있던 소규모 유대인 마을 슈테틀Shtetl에 붙여 각운을 맞춘 바 있다)와 같은 이민자들처럼 그리고 오늘날 몇몇 동시대 작가들(이를테면 요코 타와다Yoko Tawada의 언어경찰Sprachpolizei, 또는 에미네 세브기 외즈다마르Emine Sevgi Özdamar의 엄마혀Mutterzunge)과 달리, 아렌트는 몽상가적인 연상을 통해 장애를 극복하려는 어떤 시도도 하지 않았다. 아렌트가 남편 하인리히 블뤼허와 함께 영어라는 언어의 제국을 더 탐색하기 위해 시도한 것 가운데 하나는 '문학의 밤'이었다. 이 행사는 이따금 문예란의 편집자를 맡기도 하고 전후 몇 년간 아렌트의 작품 가운데 몇 편을 영어로 다듬어준 친구이자 시인인 랜달 자렐과 공동으로 개최되었다. 자렐은 그녀에게 영어로 쓰인 시를 낭송해 주었다. 아렌트가 자렐을 위한 추도문에서 이야기한 것처럼, 그는 "오래된 시, 신작시, 매우 드물게 자신의 시를 … 나에게 소리와 운율에 관한 완전히 새로운 세계를 열어주었으며, 영어 단어가 갖고 있는 독특한 무게에 대한 가르침을 주었다. 단어들이 갖는 상대적인 비중은 모든 언어에서 그렇듯이 결국에는 문학창작의 규칙이 어떻게 쓰이느냐에 의해 결정된다."[12]

아렌트는 당연히 미국의 정치이론에 관해서도 읽었지만, 언어의 정신은 본질적으로 시문학으로부터 자양분을 얻는다는 사실을 잘 알고 있었다. 작가들의 언어는 적나라한 묘사나 직설적인 표현을 통해 분석적인 언어를 파헤치고, 자유분방함을 용인하며, 독자적인 언어의 창작과 인식의 표현을 활성화시킨다. 왜냐하면 문학은, 은유적으로 이야기하자면, 그 자체로 번역이자 혼성의 축제이기 때문이다.

여기에 또 다른 통찰이 더해진다. 아렌트는 브로흐에 관한 에세이에서 '필사적으로' 전통의 붕괴와 담판을 벌이는 사람들이 시인들이라고 기록하였다. 문학은 잃어버린 공동의 합의지대를 되찾으려는 작가의 고민을 번역, 즉 은유의 감각적 속성을 통해 풀어낸다. 달리 말하면, "영혼이 없는 것에 생기를 부여함으로써"(아리스토텔레스) 실제와 경험으로부터 사유가 분리되는 (전체주의의) 위험을 무효화시킬 수 있다. 이렇듯 아렌트는 발터 벤야민 에세이에서도 세상에 대한 믿음을 갖고 있는 유일한 사람들은 시인이라고 하였다. 그들은 세상의 소외를 견딜 수 없기 때문이다.

외국어를 쓰는 곳으로 망명을 하게 되면 모든 사람들, 특히 모든 예술가들에게는 유년시절부터 피와 살에 새겨진 은유, 이미지, 신화, 리듬, 시구 등이 동원하는 추동력을 잃게 된다. 새로운 언어를 구사하기 시작한 사람에게는 은유가 갖고 있는 계몽적이고 창조적인 능력을 자유자재로 구사한다는 것이 실로 요원한 일이다.

낯선 곳에서 온 소녀

집단적 정체성은 아렌트의 관심사가 아니었다. 그녀는 전후 자신의 존재가 얼마나 불안정한지에 대해 잘 알고 있었다. 유대인이 아닌 사람과 결혼한 유대인 여성이 유대인들의 관심사인 기억문화의 토대나 유대역사의 기술에 관해 글을 쓰면서도, 마치 그런 관심사가 없는 것처럼 글을 썼다. 1950년 마르틴 하이데거에게 보낸 서신에서 아렌트는 자신을 단 한 번도 독일 여성으로 느낀 적이 없으며, 오래전에 자신이 유대인 여성이라는 생각도 그만두었다고 썼다. "저는 한때 그랬던 것처럼 그야말로 낯선 곳에서 온 소녀라고 느낍니다."[13] '다른 빛을 받고 더 행복한 자연에서' 잘익은 과일을 사람들에게 나누어주는 실러Friedrich von Schiller가 그린 소녀의 이미지는 아렌트의 정신적 삶이 지닌 무모함을 말해주지만, 그녀가 미국에서 정착할 수 있었던 용기와 기품도 보여준다.

언어는 사유를 표현한다. 세상이란 새로 태어난 모든 사람들에게 우선 특정한 언어를 통해 주어지며, 그런 연후에 점차 사유가 언어의 경계를 넘어설 수 있다. 한나 아렌트는 네 개의 언어(영어, 독일어, 히브리어, 이디시어)를 취급하는 출판사 쇼켄 북스에서 1946년부터 1948년까지 편집자로 일을 했다. 아렌트는 이방인들과 미국인들이 조우하는 이상적인 만남의 장소로 생각했던 그곳에서 프란츠 로젠츠바이크, 발터 벤야민, 헤르만 브로흐의 에세이를 번역이라는 주제로 묶어 출간하려고 기획하였다.[14] 이 세 에세이는 각

자 아주 상이한 방식으로 외국어로 쓰인 원본을 '독일
어화'하거나 또는 '영어화'하려는 동화적인 전형에 반
대한다.

친분이 있던 작가 헤르만 브로흐의 강연에 고
무되어 아렌트는 번역 단행본을 만들게 되었는데, 그
는 「달이 떠오르다Der Mond ist aufgegangen」(마티아스 클라
우디우스Matthias Claudius)라는 시가 번역불가하다는 점
에 대해 매우 시적인 분석을 하면서, 그 말미에 독일
어로 쓰인 모든 문학작품에는 독일시인들의 세계와
동화의 세계에 관련된 무엇인가—안개, 숲, 달, 용, 요
정—가 깃들어 있어 모든 번역작품에서도 이러한 영
혼의 울림이 있어야 한다는 논지를 내세웠다.

성경 번역자인 프란츠 로젠츠바이크는 이미
1924년에 보다 건조한 어조이긴 하나 이와 비슷한 논
지를 전개하였다. 잘 알려진 비평에서 그는 "낯선 것
을 독일어로 만드는 일은 이미 존재하고 있는 독일어
에 편입시키는 것이다."[15]라고 하였는데, 이 말은 아렌
트가 '난민들'이 사용하는 상투적 표현에 대해 비난하
는 것과 유사하게 들린다. 로젠츠바이크는 번역된 텍
스트에 오리지널 문화의 반향이 울려야 한다는 요구

에 관해 다음과 같이 기술하였다. "번역가는 다른 목소리의 대변인으로서 공간과 시간의 심연을 넘어 그 목소리가 잘 들릴 수 있도록 해야 한다. 낯선 목소리가 뭔가 할 말이 있는 경우에 그가 번역한 언어는 이전과 달라야 한다. … 왜냐하면 낯선 목소리와 함께 낯선 언어에 담긴 영혼도 온전히 번역한 언어에 스며들기 때문이다."[16] 번역에 관한 벤야민의 에세이에서도 번역의 가치는 바로 충실한 번역에 거슬려 개별언어를 보완하고 확장시키는 곳에 뿌리를 내린다고 쓰여 있다. 습관적으로 익숙한 맥락으로부터 작품을 분리시키는 것은 우선 뭔가 새로운 것으로 거듭나도록 '해방'시키는 것이다. 벤야민에 따르면 오리지널 작품의 이러한 '후속 성장'은 번역을 통해 새로운 언어의 맥락 속에서 낯선 것을 잉태하여 '산통'을 일으킴으로써 스스로를 인식시키는 무엇인가 새로운 것으로 변화한다. 번역은 언어의 생성을 지속시킨다.

외국어로 글을 쓴다는 것이 아렌트에게는 딜레마였다. 때로는 명확하고 때로는 암묵적인 인용구와 사유이미지를 사용하는 그녀의 문체에 낯선 목소리와 관점이 침입하여 고유한 방식을 중단시킴으로써 그녀의 독자적인 생각을 (새로운 언어의 영역으로) 운반하는 데 어려움을 주었다.[17] 그녀는 스스로 표현한 것처럼 '마음속 어딘가에' 갖고 있던 이미지와 시구를 통해 사유하였다. 그런데 글을 쓰는 동안 자신이 함께 듣거나 글을 쓰면서 함께 이야기를 나눌 수 있는 그런 목소리에 대한 영어 번역이 전혀 없거나 적어도 전체 문맥상 사용할 수 있는 영어 번역이 없다면, 어떻게 사람들이 외국어로 인용을 할 수 있으며, 이를 통해 다성多聲을 실현할 수 있을까?

한나 아렌트가 모국어로서의 독일어 분과 고문으로 함께 참여한 카프카의 일기번역이 1946~1948년에 출판되었다. 이후에 그녀는 미국에서 하이데거, 야스퍼스, 릴케의 번역자들에게 조언을 해주었고, 독일의 근대에 내재된 해체주의적 정신에 입각하여 해석한 플라톤, 칸트, 마키아벨리, 스피노자를 가르쳤다. 한때 하이데거의 제자였던 '낯선 곳에서 온 소녀'는 두 번의 세계대전 사이에 자리한 유럽의 인문학적 모더니즘에 축적된 지식과 함께 그 좌절을 미국으로 전수하였다. 아렌트가 미국 작가들이나 번역가들과 벌였던 논쟁의 중심에는 거듭 개념의 일관성 문제가 놓여 있었다. 하이데거 번역가 글렌 그레이와 나눈 서신 교환에 다음과 같은 구절이 있다.

> 독일어의 '관념, 표상, 상상Vorstellung'은
> '아이디어idea'가 아니라 일반적으로
> '관념notion'이라고 했을 때 가장 좋은 번역이다.
> '아이디어idea'라는 단어는 실제 독일어의
> '이데Idee'로 옮기는 것이 가장 좋다. 내 생각에는
> 어떤 경우에도 '관념notion'을 '개념Begriff'으로 쓸 수
> 없다. '개념Begriff'을 '관념notion'으로 번역한 것은
> 헤겔Hegel 작품의 오역 가운데 가장 통탄해야 할
> 것 중의 하나이다. '개념Begriff'은 항상 '컨셉concept'
> 또는 '컨셉션conception'으로 번역해야 한다.[18]

영어의 개념이 독일어로 표현될 때 일관성 있게 동일한 의미를 갖지 않고, 은유적 표현이 다른 관계를 매개한다는 사실에 직면하여 사람들은 어떤 해법을 내놓을 수 있을까? 자신의 언어에서 낯선 언어로 번역한 시구가 아무런 연상을 불러일으키지 못하거나 의도하지 않았던 다른 연상의 공간을 열게 된다면 어

떻게 해야 할까? 사람들은 외국어로 번역된 시가 원본과는 완전히 다른 의미를 갖게 되는 경우가 빈번하다는 사실을 알고 있고 또한 이러한 것을 거듭 경험하게 된다.

아렌트는 외국어로 글을 쓰면서 이러한 모든 관점을 함께 고려해야만 했다. 작가가 원어민 독자나 외국어 독자의 귀에 반향을 일으킬 수 있는 이미지와 인용구를 선택하여 텍스트를 오버랩시키는 방식은 아렌트의 화법과 거리가 멀었다. 그런 방식 대신에 아렌트는 "만일 당신이 나에게 마음을 주고 싶다면, 남몰래 시작하세요"와 윌리엄 블레이크William Blake의 "당신의 사랑을 절대 말하려고 하지 마세요, 사랑은 말로 할 수 없답니다"를 함께 조합하였다.

한 언어의 개념을 다른 언어로 번역하는 어려운 과정에 요구되는 것은 각각의 문화적 특성에 정통해야 한다는 점이다. 미국의 작가 메리 매카시Mary McCarthy는 아렌트의 인물평전인 『어두운 시대의 사람들Men in Dark Times』을 읽은 후에, 아렌트가 본래 영어로 먼저 쓴 평전이 가장 마음에 들었다고 기록하였다. 인물들이 아주 생동감 있게 묘사되어 있고, 발터 벤야민에 관한 평전에서도 그렇게 느꼈지만, 번역텍스트에서는 전혀 달랐다고 했다.

레싱의 연설에는 매우 비범한 생각들이 많이 담겨 있지만, 대략 번역을 하게 되면 이러한 점을 선명하게 인식하기보다는 안개 속에 가려진 내용을 추측해야만 합니다. 이를테면, 인류humanity, 인간성humanness, 인도주의humanitarianism는 때론 동의어로 다루어지기도 하고 때론 그렇지 않습니다. 당신의 작품을 번역하는 사람들은 언어적으로 차이를 두는 당신의 습관을 잘 반영하지 못하는 것 같습니다. 엄밀함과는 전혀 다른 당신의 언어는 단지 희미한 이미지만을 만들어내게 되지요. … 어떤 단서가 되는 개념은 독자를 위해 명확하게 정의되어야 합니다. 철학적 어휘가 부족한 영어에서는 내용을 추가하는 것이 가장 최선의 방법이 될 수 있을 것입니다. 당신이 직접 영어로 글을 쓰면, 이 문제를 의식하고 있기 때문에 이러한 차이점을 가시적으로 드러내어 명확하게 해결할 수 있는 방법을 찾겠지만, 당신의

번역자는 종종 이러한 점을 등한시합니다.[19]

아렌트는 영어로 집필한 작품들에서도 독일의 언어, 철학, 문학의 정신을 생생하게 유지하려 했다. 그녀는 "철학적 논술은 독일어로 표현하는 것이 영어보다 비교할 수 없을 만큼 쉽다."고 했으나, 정치적인 사유에는 영어가 적합하지만 어느 정도까지는 프랑스어도 괜찮다고 확신하였다.[20] 아렌트에 의하면 언어와 사유는 서로 분리될 수 없다. 아렌트에게 고유한 생각과 글은 "영어의 순발력(인스턴트성)"과 "독일어의 철학적 규율"을 묶어놓은 것이라고 작가 로버트 로웰Robert Lowell이 표현한 바 있다.[21] 숄렘도 머나먼 이스라엘에서 『전체주의의 기원Origins of Totalitarianism』을 읽고 나서 "모든 개념이 퇴색해가는 미국의 지배적인 분위기에서 근본적인 철학적 범주에 대한 사유를 감행하는 이런 책은 아주 희귀한 경우일 것입니다."라고 썼으며, 아렌트가 뉴욕에서 매우 기이한 존재로 여겨지는 것은 아닌지 우려를 하였다.[22]

실제로 '독일의 철학규범'이 미국에서는 거듭 기이하게 받아들여졌다. 아렌트의 영어가 해를 거듭해도 독일어보다 훨씬 못했다는 사실은 새삼 강조할 필요가 없을 것이다. 아렌트는 1975년 생애의 마지막 해에 "… 여러분이 지금 듣고 계신 것처럼 저는 의심할 여지 없이 독일에서 태어나 그곳에서 교육을 받았습니다."라고 존닝상Sonning-Preis 수상 연설을 시작했다. 최근에 어떤 비평가가 아렌트의 영어는 "일관성이 없는 문장으로 가득 차 있으며, 의미론적으로 오류투성이"[23]라고 언급하며, 『인간의 조건The Human Condition』에서 아렌트가 영어에서는 잘 쓰이지 않는 세 개의 개념, 'Labor(노동)', 'Work(일)', 'Action(행위)'를 사용한 점에 대해 비판하였다. 하지만 이 비평가는 아렌트가 새로운 언어에 개념과 은유를 독자적으로 사용하여 자신만의 사상에 독특한 의미를 부여한다는 점을 간과하였다. 언어의 새로운 배열을 통해 필요한 활력이 생겨나고 보다 더 큰 효력이 더해진다. 아렌트는 'labor(노동)'을 선택함으로써 'labor-power(노동력)'와 'labor-mouvement(노동운동)'의 개념과 함께 아르바이트arbeit와 노동자계급의 조직을 연동시켜 사용하도록 하였다. 왜냐하면 원래 마르크스의 전문용어인 '아르바이트'를 대체한 'work(일)'가 아렌트의 생각으로는 지나치게 생산과 연관된다고 보왔기 때문이다.

　실러의 「낯선 곳에서 온 소녀」와 마찬가지로 아
렌트도 처음에는 듬뿍 빛을 받았지만, 곧 유럽정신사
의 몰락 속에서 '무르익은' 낯선 과일들을 가지고 미
국으로 건너왔다. 미국에서, 특히 매카시McCarthy 집권
기에 유럽 지성인에 관한(그리고 여기에는 당연히 고대
그리스 사상가도 포함되었다.) 아렌트의 강의는 탐탁하
게 여겨지지 않았다. 모든 질문을 꼼꼼하게 '심사숙
고'하는 그녀의 방식 즉, 직관과 개념을 동시에 사유
하는 그녀의 방식이 영어권 청중에게는 낯설게 느껴
졌지만, 바로 '심사숙고'하는 이런 방식이야말로 미국
의 정신세계에 보낸 그녀의 선물이었다.[24]

　미국에서 활동하던 예술가들은 여기에 반응하였
다. 그들은 아렌트의 목소리를 통해 미국의 사유공간
에 발을 들여놓은 새로운 독창성을 알아보았다. 모든
감각을 동원하되 개념의 규율을 지키는 방식이었다.
"독자는 글을 읽으며 공감을 하게 되고 동시에 이해하
게 된다."(자렐) 아렌트가 1958년『인간의 조건The Human
Condition』(독일어판으로 Vita Activa)을 통해 "우리가 일을

한다면 우리가 무엇인가를 하고 있다."는 것에 대해 근본적으로 새로운 개념작업을 선보였을 때, 아르바이트의 비계鄙計—세 가지로 나누어진 구조—는 그리스 전통에 뿌리를 두었다. 작가 위스턴 휴 오든은 "『인간의 조건』을 어원학에 관한 에세이로 보는 것이 부정확하다고 할 수 없을 것이다. 그것은 우리가 자연, 세계, 노동, 일, 행위, 사적인, 공공의, 사회적, 정치적 등과 같은 낱말을 사용할 때, 우리가 머릿속으로 생각하는 의도와 우리가 실제로 의도하는 것, 그리고 우리가 마땅히 의도해야 하는 바가 무엇인지에 대한 재검토이기 때문이다."[25]라고 기록하였다. 그는 이 작품에 전승된 개념을 두루 살피며 어원학적으로 진단하려는 용기가 깃들어 있어, 기존 개념을 제거하는 것이 아니라 그것들을 현재에 맞게끔 새롭게 자리매김할 수 있게 해준다고 칭찬하였다.

예술평론가 해럴드 로젠버그Harold Rosenberg도 아렌트가 벌이는 개념작업에서 특별한 감동을 받았다. 그는 아렌트의 『작금의 정치적 사고에서 의문을 품게 하는 전통의 존립Fragwürdige Traditionsbestände im politischen Denken der Gegenwart』 영어판에 관한 자신의 비평에 「우

리가 살아가는 개념들Concepts we live by」이라고 제목을 붙였다.[26]

　우리는 세상으로부터 만들어낸 개념을 가지고 살아가며, 이 개념들은 작가로 하여금 삶에서 체험하는 충격으로부터 통찰의 단계로 넘어갈 수 있도록 도와주고, 결국에는 글을 쓰고 말을 할 수 있는 행위에 필요한 공간을 형성한다. 법률이 있어야 비로소 공적 공간, 즉 자유로운 정치적 행위를 위한 울타리를 보장하듯이, 개념적인 사고는 판단력을 위한―네 개의 벽으로 이루어진―공간을 보증한다. 발터 벤야민이 '모든 이론적 토대'가 결여된 산문을 잊힌 꼭두각시 인형극과 유사한 구조의 '말더듬이'라고 묘사했을 때, 그는 이러한 필수적인 개념적 기반과 여기서 도출되는 사유와 창작 사이의 직접적인 연관을 지시하였다.[27] 아렌트는 현재와 같은 미로에서 해결책을 가진 아리아드네Ariadne(그리스 신화에 나오는 크레타의 왕 미노스와 파시파에의 딸－옮긴이)의 실을 잣는 개념의 토대에 대한 작업 외에, 특별하면서도 그녀에게 친숙한 영어 시문학에 관한 재능을 사용하였다. 이를 통해 극도로 무미건조한 문장과 관용적인 표현에 새로운 활기를 불어넣을 수 있었다.

거듭된 탈바꿈

아렌트의 작품에서는 흔히 항간에서 말하는 '원본Orginal'에 관한 생각이 더 이상 유효하지 않다. 아렌트의 '원본', 즉 영어로 집필된 그녀의 주요 작품은 언제나 이미 번역된 것이다. 다른 언어로 번역본들이 파생되어 나올 수 있는 유일한 '비전'을 담은 모국어로 쓰인 원본은 없다.[28] 오히려 영어나 독일어로 쓰인 아렌트의 주요작품의 경우, 비록 유사하긴 하지만 상이한 두 개의 원본이 각각 있다고 할 수 있다. 『전체주의의 기원』 가운데 몇몇 장은 먼저 영어로 작성되었고, 다른 몇몇 장은 독일어로 먼저 작성되었지만, 아렌트는 이 작품에서 언어의 차이에 대해 큰 의미를 부여하지 않았다.[29] 한나 아렌트는 이후의 모든 주요작품을 영어로 먼저 집필하였다.

청소년기에 모국을 떠나 자신의 문학작품 대부분을 먼저 영어로 집필한 러시아 출신의 작가 블라디

미르 나보코프Vladimir Nabokov는 본인이 직접 쓴『말하라, 기억이여Erinnerung, sprich』의 러시아판에 대해 다음과 같은 해설을 하였다.

> 나는 출판을 위해 제출한『말하라, 기억이여Speak, Memory』의 최종판을 위해 원래 영어로 쓰인 텍스트에 근본적인 수정을 감행하고 방대한 변경사항을 보완했을 뿐만 아니라 러시아어로 번역하면서 필요한 교정도 하였다. 러시아어로 체험된 기억을 처음에 영어로 재생하여, 이것을 러시아어로 다시 완성하였고, 그것을 다시 영어 최종판으로 만드는 것은 지긋지긋한 작업임이 입증되었다. 그래도 나에게 약간의 위안이 되었던 것은 그렇게 거듭된 여러 차례의 탈바꿈이 나비들에게는 익히 잘 알려져 있으나 사람들에게서는 한 번도 시도되지 않았다는 자각에서였다.[30]

한나 아렌트도 나보코프의 경우처럼 어떤 특수한 탈바꿈의 과정을 겪었다. 독일 및 유럽의 정신사로부터 그리고 그것의 붕괴를 경험하면서 비롯된 착상들은 우선 연상적 글쓰기 방식에 의해 미국영어로 작성이 되었다가 다시 독일어로 옮겨졌다.[31] 두 가지 버전을 비교해보면, 아렌트가 독일어 텍스트에서는 관용구를 사용하면서, 그녀가 영어로 글을 쓸 때 머릿속에 떠올렸을 법한 많은 인용구와 비유적 암시를 독일어로는 명확하게 드러낸다는 점이 눈에 띄며, 이로써 보다 상세하게 정보를 전달해준다. 그 외에도 독일어 텍스트에서는 그녀의 문체를 능동적이고 강력하게 나타내주는 반복, 두운법, 강조, 운율과 같은 화법을 구사한다. 그러나 두 개의 언어를 한다고 해서 한 언어는 빈약하고 다른 언어는 풍부하다는 것을 의미하지 않는다. 아렌트는 자신의 목소리를 가지고 각각의 언어가 가지는 고유한 영역에서 서로 상이하게 울리도록 하였다. 영어의 원본 가운데 어떤 대목에서는 독일어 원본과 다른 이미지와 사유의 흐름이 이어진다. 그런데 어떻게 서로 다른 비전이 성립될 수 있을까? 아렌트는 1950년부터 공식석상에서 자신의 주요언어가 되었던 영어에 대해 평생 '거리'를 유지하였다. 1975년에 아렌트가 삶을 총정리하면서 자신이 유럽의 문명을 위해 무엇인가 의식적으로 행한 것이 있다면, 그것은 "아무리 다른 언어의 제안을 받든 강요를 받든 상관없이" 모국어를 다른 어떤 언어와 맞바꾸지 않은 굳건한 의도였다고 말했다.[32]

1958년에 출판된 아렌트의 걸작 『인간의 조건 The Human Condition』이 '비타 악티바Vita activa'라는 제목으로 1961년 독일어로 출간되는 데 3년이 걸렸다. 이 작업은 지루하긴 하였으나 결과적으로는 생산적이었다. 친분이 있던 기자 샬롯트 베라트Charlotte Beradt가 영어에서 독일어로 초벌번역을 하였다. 어쩌면 시간이 부족하여 임시방편으로 고안한 중간 단계로서 외국어 텍스트를 초벌번역한 것은 결과적으로 유리한 상황을 가져왔다. 아렌트는 어쩌면 본래 독일어로 포착한 생각을 영어로 작성하여, 이것을 외국인(베라트)의 손에 맡겨 도로 자신의 모국어로 번역하였다. 이렇게 하여 자신의 고유한 사상을 영어로 작성하면서 느꼈던 언어적 낯섦이 우선 독일어로 보존될 수 있었다. 이제 아렌트는 자신의 독자적인 사유운동과 언어운동을 독일어로 운반할 수 있는 근본적인 개념 체계를 갖추었다. 비록 낯선 손에 의한 초벌번역의 중간단계가 양호하다고 하더라도 아렌트가 독일어 인용구를 검토하고, 오류를 바로잡고, 설명하거나 규명하는 문구를 추가하는 직접번역은 무척 힘든 일이었다.[33] 영어로 작성된 아렌트 책들의 독일어판은 그때마다 동시에 개정판이라고 할 수 있었다. 아렌트는 이 교정본을 다시 영어책의 2쇄를 위해 사용했다. 그녀의 영어가 향상이 되면 될수록 직접 번역하는 것은 더 어려워졌다. 아렌트는 급기야 1963년 야스퍼스에게 보내는 글에서 "망할 놈의 번역! 악마나 데리고 가라지!"라고 썼다.[34]

아렌트가 각각의 언어로 글을 쓸 때, 그녀는 그때마다 다른 독자들을 염두에 두었다. 1967년 아렌트가 독일 프라이부르크에서 발터 벤야민에 관한 강연을 하였는데, 이것은 『메르쿠르Merkur』라는 잡지에 게재되었다. 이 강연에서 아렌트는 독일의 청중에게 무엇보다 바이마르공화국 당시에 대학교에서 경력을 쌓으려고 희망하는 유대인 학자들이 맞서야 했던 적대적인 분위기에 관해 자세히 설명하였다. 그날 저녁 강연장의 앞쪽에 마르틴 하이데거가 앉아 있었다. 그는 1933년 에드문트 후설이 인종주의적인 사유로 인해 대학으로부터 파면조치를 당했을 때, 이에 서명한 적이 있다. 아렌트가 쓴 벤야민에 관한 에세이의 영어판에는 독일의 이러한 역사가 차지하는 분량이나 비중이 훨씬 적다.[35]

이와는 반대로, 베르톨트 브레히트에 관한 영어판 에세이에서 아렌트는 미국의 독자들에게 〈비미국적 활동에 관한 위원회〉가 저지른 파괴적인 사건들에 대해 상세히 설명을 하였고, 더 나아가 베르톨트 브레히트가 1947년 미국을 떠나 스위스에 도착한 후에 그곳에서 뮌헨으로 가는 여행허가를 해주지 않았던 독일 주재 미군정의 결정을 비판하였다. 그로 인해 브레히트는 동베를린으로 가게 되었다. 아렌트는 "이것은 독일에게나 브레히트 자신에게 똑같이 가장 불행한 일로 판명되었다."[36]라고 해설을 달았다. 이 문장은 독일어판에서는 찾아볼 수 없다. 1967년 『뉴욕 리뷰 오브 북스New York Review of Books』에 실린 브레히트 에세이에서 아렌트는 은유법을 사용한 독창적인 영어를 구사하였고, (영문 번역본과 나란히) 브레히트의 독일시를 그대로 인용하였는데, 글렌 그레이가 이 에세이를 읽은 후에 "당신이 영문학으로 양육된 사람이 아니라는 것을 아무도 의심하지 않을 것입니다."[37]라고 썼다.

아직까지도 아렌트의 작품은 영어판 원본에서 다른 나라의 언어로 번역된다. 그러나 오늘날 사람들은 특히 『인간의 조건』의 독일어판 원본이 중대하고도 객관적인 해설을 제공할 뿐만 아니라, 무엇보다 아렌트의 정신사적이고 문학적인 영향력에 본질적으로 더 깊이 뿌리내리고 있으며 관련된 영역이 훨씬 더 광범위하다는 사실을 잘 알고 있다.

"네가 우리에게 와줘서, 정말 다행이야"

2개국 언어로 꾸준히 활동 중이던 아렌트는 1963년 혁명에 관한 책에서 정점을 찍는다. 아렌트는 『혁명론On Revolution』에서 부버나 멘델스존과 같은 유대인들에게 위대한 재산이 성경책인 것과 마찬가지로 미국의 위대한 재산이라고 할 수 있는 미합중국 헌법을 다루었다. 아렌트는 유대교의 율법(토라) 혹은 성경이 그랬던 것과 유사하게 이 나라에서는 헌법이 한때 미국인들에게 "매우 세밀한 구절 하나하나까지도… 몸에 배었다."[38]는 사실을 잘 알고 있었다. 아렌트는 1951년 미국시민이 되기 위해 귀화준비를 하면서 미연방의 건국헌법을 공부한 적이 있었다. 족히 10년이 지난 후, 미공화국이 내부적인 균열로 심각한 지경에 이르렀을 때, 아렌트는 『혁명론』에서 미국의 찬란했던 과거와 자유에 대한 동경을 상기시켰고, 또한 자유의 취약성에 관한 혁명적 성찰을 일깨워주었다. 아렌트는 발터 벤야민의 말을 빌려, "공포를 감지하는 순간에 번쩍이듯이" 떠오르는 기억을 공략하였다.

아렌트의 고찰이 결코 긍정적인 결론을 맺는 것은 아니다. 그녀는 『인간의 조건』에서 대중사회가 인간을 호모 파베르Homo Faber(인간의 특성과 본질이 물건이나 연장을 만들어 사용하는 데에 있다고 보는 인간관 - 옮긴이)로 대체하려고 위협한다고 경고한다. 또한 『혁명론』의 거의 마지막 부분에서 아렌트는 혁명정신이 실패하였다는 사실, 즉 혁명정신에 적합한 제도를 창안하지 못하여 "그 어떤 것으로도 실패는 만회될 수 없다."는 사실을 선포한다. "이러한 상실이 최종적으로 확정되는 것을 막기 위해 늘 새롭게 기억을 되살리고 일어난 일들에 대한 성찰을 통해 노력하는 것 말고는 달리 방법이 없다.”[39]라는 문장이 이어진다.

사람들은 이것을 비관적인 세계관이라고 생각할 수도 있다. 그럼에도 불구하고 아렌트의 『혁명론』(야스퍼스에게는 '비극'의 혁명론이라고 했지만)에 관한 연구를 읽으며 누군가는 “마음이 기쁘고 따뜻해”[40]질 것이다. 왜냐하면 공동체를 구축하고 법률을 제정할 힘을 갖는 혁명적 동맹은 그 실패에도 불구하고 아렌트가 글을 쓰면서 기억하는 방식을 통해 '위대한 단순함'으로서 즉각 용기를 주며 독자들의 눈앞에 떠오르기 때문이다. 하여간 독자들에게 혁명에 대한 동경의 불을 지핀다고나 할까. 역사의 주인공들은 어느 정도까지는 객관적이고도 이미 알려진 역사의 흐름으로부터 풀려나와 그들의 고유한 생활세계가 펼쳐지는 생생한 내면의 무대 위로 되돌려진다. 물론 이 생활세계 자체는 다시 공공의 영역으로 간주된다. 이러한 사상의 배후에는 플라톤이 있다. 그에 따르면, 문학은—아리스토텔레스가 말한 것처럼—사람들의 공감을 통해 함께 고통을 느끼도록 하기 위해 비극에 관한 이야기를 하는 것이 아니라, 무엇보다 가치가 없어진 이 세상에서 독서를 통해 사전 행위를 연습하는 독자들에게 가치와 개념을 생생하게 일깨워주기 위한 것이며, 함몰된 집단적 상상을 새롭게 소생시키고자 하는 것이다. 이러한 생각이 『인간의 조건』에 각인되어 있고, '의문을 품게 하는 전통의 존립'에 관한 아렌트의 에세이 전반에 깊은 영향을 끼쳤다.

아렌트는 미국 역사를 재조명하면서 신세계의 정신과 연방의 정신에 아주 특별한 "생기를 불어넣었다." 전체주의로 변질한 러시아혁명을 비판하는 독일인이자 (소비에트식 민주주의의) 신랄한 비판자인 아렌트는 1963년 자기 스스로와 미국인들에게 정치적 고향의 정신적 토대를 탈환한다. 그녀는 자신과 정치적 동지들에게 고유한 혁명의 역사가 보여주는 쇄신의 힘을 '옮겨주었다'. 이런 일은 냉전이 한창이고 쿠바 위기가 절정에 달한 시기에 오직 외부에서 온 낯선 자, 부랑자만이 할 수 있는 것이었다. 바이마르공화국 시대의 민주주의가 침식하는 것을 스스로 체험한 이주자만이 아메리카의 건국신화가 가지는 웅대한 힘, 즉 미국 건국의 아버지들(미합중국 헌법 제정자들)의 역사와 정치적 행위의 중심으로서 심의와 협의 기능을 갖춘 공화국의 이상을 알아보았다. 그 당시 아렌트의 책이 도처에서 좋은 반응을 얻지 못하였을 뿐만 아니라 어떤 사람들은 그녀를 수용해준 국가에 대한 '감사의 표시'라고 매도하거나 오해하기도 했다는 것은 능히 짐작할 수 있을 것이다. 아렌트에게 보수적이면서도 혁명적인 사상이 혼합되어 있는 것과 마찬가지로 정치적인 것과 사회적인 것이 엄격하게 구분되는 것도 사람들의 몰이해에 부딪히곤 하였다. 아렌트가 쓴 책은 혁명에 관한 역사적인 정규논문이 아니었고, (특히 미국) 혁명이 잃어버린 보물을 잘 간직하도록 하기 위한 경고를 의미할 뿐이었다. 그렇지만 『혁명론』은 학생운동, 평화운동단체들, 1960년대 중반 미국에서 창설된 이웃친선 단체들로부터 큰 호응을 얻었다.

이 책의 발간 이후 미국에서 아렌트의 목소리는 더욱 강력해졌다. 그녀는 베트남전쟁에 관한 논쟁과 워터게이트사건에 대한 논쟁의 와중에 정치의 영역에 침투한 '끝도 없는 거짓말'에 관하여, 그리고 수년간에 걸친 '이미지를 위한 연마'와 홍보 전문가들과 전문적인 여론 조작가들이 정치판에서 초래한 결과물인 '초기의 생산자사회에서 소비자사회로의 실질적 변화'에 관하여 비중 있는 에세이들을 썼다.

아렌트는 부랑자의 시선으로 민주주의 체제에서 그 핵심인 정치가 위태로워진다고 진단하였고, 이러한 진단은 그녀가 미국 땅을 밟을 때도 그랬지만 그 이후로도 여전히 '불행의 메신저'로서 잠재의식 속에 자리 잡고 있는 전체주의에 대한 경험이 한몫을 했다.

아렌트는 카프카의 소설 『성』에서 한 마을주민이 이주자인 K에게 어떤 희망을 품을 수 있도록 호의를 베풀어주는지 읽을 수 있었다.

너는 매우 놀라운 안목을 지닌 것 같아. 네가 낯선 곳에서 왔다는 이유만으로 어쩌면 네가 나에게 한 마디를 해주는 것만으로도 나를 도와줄 때가 있어. 반면에 슬픈 기억과 지속되는 두려움을 간직하고 있는 우리들은 나무가 부러지는 소리만 나도 놀라고, 어떤 저항도 하지 못한 채, 한 명이 놀라면 정확한 이유조차 모르지만 곧 다른 사람도 놀라곤 해. 그런 식으로는 제대로 된 판단을 내릴 수가 없어 … 네가 이곳에 와줘서, 우리들에게 얼마나 다행인지 몰라.[41]

아렌트가 살아생전에 마지막으로 쓴 에세이의 제목은 거의 번역이 불가한(?) '홈 투 루스트Home to Roost'였다. 이 제목은 존 F. 케네디의 암살 이후 말콤 X가 행한 연설을 염두에 둔 것이었다. 말콤 X의 연설에 따르면, 미국의 제국주의는 스스로 뿌린 폭력의 씨앗으로부터 이제 수확을 거두어들인 것이다("모든 닭들이 쉬기 위해 집으로 돌아올 때"). 아렌트는 미국혁명 200주년 기념 행사를 위해 작성한 강연문을 다듬어 완성한 이 에세이에서 민주주의 세력의 붕괴를 경고하였다. 또한 민주주의의 이러한 붕괴는 유럽에서 전체주의에 의해 정치가 파괴된 것을 의미하는 그런 파산과 비교될 수 있을 것이라고 하였다.

> 우리가 지금까지 살아온 시대 전체를 구분해줄 수 있는 역사의 한 결정적인 전환점에 서 있다고 생각해볼 수 있습니다. 일상의 가차 없는 요구에 얽매여 살아가는 우리 동시대 사람들에게는 한 시대와 다음 시대를 구분하는 경계선이 아마 거의 보이지 않을 것입니다.[42]

'낯선 곳에서 온 이 소녀'에 대한 추도사는 아렌트가 사망한 지 며칠 안 되어 『뉴요커』에 실렸고 다음과 같은 메시지를 전했다. "며칠 전 한나 아렌트가 69세의 일기로 세상을 떠났다. 우리는 전 세계의 부조리와 부패에 맞서 싸울 수 있는 공평한 견제세력을 잃은 것과 같은 느낌에 전율했다."[43] 그녀가 우리에게 왔던 것이 얼마나 큰 행운인가.

용서

설명할 수 없는
현실을
설명하려는
사투

Hut hat 모자

hat 독일어 'haben' 동사의 변형,
가지다, 소유하다, 있다

Mut courage 용기

Mut haben 용기가 있다

sein 있다, 존재하다, 살아 있다

nicht sein 존재하지 않다

age 나이

page 쪽

Sein und Zeit 철학자 마르틴
하이데거의 대표작 *Sein und Zeit*

schwarz 검정, 검은 색의, 검은

weiss(weiß) 흰색, 흰
('schwarz auf weiß' 하얀 종이에
검은 잉크로 글을 찍어냈다는
의미로, 어떤 일을 확실하게
해두기 위해 서면으로 기록함을
의미함, 사실임을 증명함-옮긴이)

Dichter 시인

Pessimist 염세론자, 비관론자

Nebel 안개, 연기

Wolke 구름

Gedanke 생각, 아이디어

Einfall 아이디어, 생각

ein Fall 추락, 낙하

Sprache 언어, 말

sprechen 말하다

Ach und Weh 불평, 불만, 푸념,
넋두리, 하소연('Weh'는 독일어의
'W' 발음과 동일함)

wo 어디, 어디에

www. 인터넷 도메인 표기 중
일부분, 'www'는 'world wide
web'의 약자

Heimat 고향

Heim home 집

Heim(weh) 고향(집)에 대한
그리움, 향수병

homepage 홈페이지

danke 감사합니다

bitte 천만에요

keine Ursache 천만에요, (저에게
감사)할 것 없어요, (감사)할
이유가 없어요

kein Grund 이유가 없다, 기반이
없다

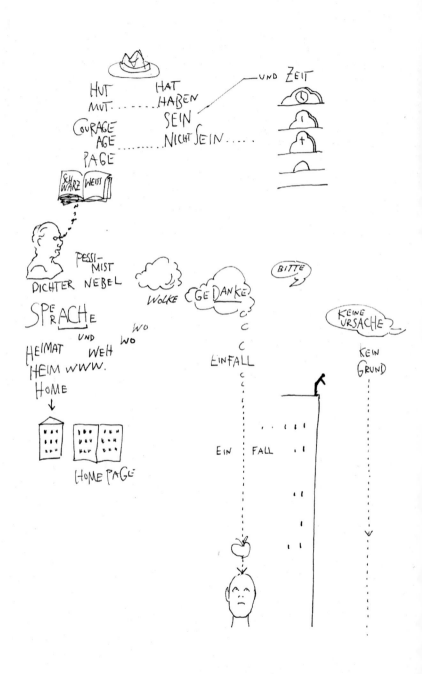

용서

설명할 수 없는 현실을 설명하려는
사투

너, 세상을 새롭게 해석하기
위해
잠 못 이루는 자여

넬리 작스Nelly Sachs

　　한나 아렌트는 1946년 9월, 유대인 노조 지도자
베를 카츠넬슨Berl Katznelson(1887~1944)이 1944년 팔레
스타인에서 열린 사회주의청년지도자회의에서 행한
연설을 접하였다. 카츠넬슨의 생애 마지막에 행한 이
연설에 대해 아렌트는 "아! 이분은 정말 훌륭한 분이
시네요."라고 예루살렘에 있는 게르숌 숄렘에게 편지
를 썼다. 이 연설문은 아렌트가 텍스트로 읽은 '파시
즘에 관한 한 최고의 글'이라고 했다.[1] 무엇에 관한 내
용이었을까? 철저한 사회주의자이자 초기 시온주의

자인 57세의 베를 카츠넬슨은 그의 나이 22세가 되던 1909년, 제정 러시아를 떠나 팔레스타인으로 향하였다. 훗날 이스라엘 수상이 된 데이비드 벤 구리온David Ben-Gurion의 가까운 친구로서 이스라엘의 건강보험제도를 수립하고 노동운동신문을 창간한 카츠넬슨은 사회주의 청년지도자들에게 '이 시대에 혼란스러워 할 것'을 요청하였다. 카츠넬슨은 더 이상 민족주의, 사회주의, 파시즘 등 전통적인 이념에 사로잡힐 필요가 없으며, 19세기 이래로 전승되어온 세계관에서 벗어나 현실을 직시해야 한다고 역설하였다. 사람들은 국가라고 하는 이념이 가지는 결속력이나 사회주의 체제하의 계급소멸 등에 대해 너무나 오랫동안 신봉해왔으나, 이제는 '세대의 문화적 승화'라고 하는 인류의 이상이 파괴되었고, 모독을 당하고 더럽혀졌다는 사실을 깨달아야 한다고 했다. 가리발디의 뿌리로부터 무솔리니가 생겨났고, 러시아 혁명으로부터 스탈린이 나온 이상, 우리가 이런 사실을 목도하면서 어떻게 혼란스럽지 않을 수 있겠는가라고 카츠넬슨은 반문하였다.

파시즘은 여태까지 보수적이거나 반동적으로 여

겨졌지만, 실제로는 세계를 지배하려는 그들의 계획을 실현하기 위하여 그 무엇과도 또한 그 누구와도 결속하려는 혁명적이고 파괴적인 힘을 가졌다는 것을 이미 증명하지 않았는가. 카츠넬슨은 파시즘이 어떤 불법적인 운동에 그치는 것이 아니라 거짓, 잔혹성, 굴종에 기초한 시스템으로 인류의 이상을 대체할 목표를 가지고 등장한 것이라고 주장하였다.

카츠넬슨은 파시즘과의 투쟁에서 우리가 점점 적들과 닮아갈 수 있다는 위험성을 특별히 경고하였다. 실제로 팔레스타인에서는 점차로 권력에 매료("힘의 숭배")되는 풍조가 나타나기도 하고, 인류의 보편적인 원칙들에 대하여 파시즘과 반파시즘을 감히 서로 저울질해 볼 수 있다는 생각도 자라고 있었기 때문이다. "파시즘을 비통하게 증오하는 우리가 현재 우리사회에서 무조건 목표를 관철시키는 능력이나 힘의 가치를 우위에 놓음으로써 어쩌면 그들과 닮은 것은 아닐까요?"

청년들에게 혼란스러워할 것을 허용한 카츠넬슨의 연설 이면에는 비단 팔레스타인에서의 경험뿐 아니라 모든 세대의 경험이 녹아 있다. 민족주의, 사회주의와 같은 19세기의 세계관은 이제 더 이상 지탱될 수 없었다. 마르크스, 키에르케고르, 니체가 기획했던 전통의 전복이나 가치체계의 재해석 등은 이제 전혀 도움이 되지 않으며, 하이데거의 시도—"전통을 이해할 수 있도록 새로운 개념으로 전통에 가깝게 다가가는 시도"—조차도 이미 과거에 속하고 말았다.[2] 사람들이 릴케나 하이데거처럼 "전통적인 개념으로 현대의 경험을 파악하려는" 시도를 하게 되면, 아렌트에게는 바이마르공화국 시대를 대표하는 역설적인 사유 이미지가 자동으로 떠오르곤 하였다.[3] 아렌트가 『사유의 일기』에서 썼듯이, '역설'이야말로 1차 세계대전 이후에 생겨난 지적 사유를 특징지었다. 그때는 "단절에 대한 의식이 여전히 전통에 대한 기억을 가정하면서, 단절을 복원하도록 만들 수 있는 한" 이미 전통과의 단절이 감지되었으나 완전히 종결되지는 않았다. 그래서 역설을 생각할 때조차 아직 전통의 난간에 기댈 수 있었다. "전통과의 단절은 2차 세계대전 이후에 완전히 이루어져, 그 이후로는 더 이상 단절이라고 인지되지도 않았다."[4] 나치즘으로 말미암아 그때까지 세속화된, 이 세상 속에서 살아남았던 모든 종류의 제한이나 한계, 공존의 규칙이 붕괴되었다. 나치즘은 세대 간에 존재한 모든 연결고리를 끊어버렸고, 삶의 모든 영역을 황폐화시켰으며, 상호이해의 모든 수단을 무용지물로 만들었다. 사람들이 이 세상을 지탱한다고 믿고 있던 휴머니즘이 이제 아무짝에도 쓸모가 없는 것으로 입증될 위험에 처했다. 이처럼 복원될 수 없는 치명적인 충격으로부터 벗어나, 전통의 붕괴 이후라도 새로운 '사유의 길'이 조성되어야만 했다.

확실성이 멈추는 곳에서 사유는 시작된다. 안다는 것은 곧 불확실성의 세계로 들어가는 것이다. 전통적인 생각이나 그 반대의 사유를 '난간'으로서 더 이상 기대지 않아야 한다. 카츠넬슨의 삶이 보여주었듯이, 그런 사유의 자유를 얻기 위해서는 우선 이 쇄도하는 현실의 실상으로부터 혼란스러워할 줄 아는 능력이 필요하며, 다른 한편으론 현실을 진단할 용기와 사유의 용기를 필요로 한다. 어떻게 우리의 생각은 우리가 보고 들은 것을 인지하고 받아들일 수 있을까? 어떻게 우리가 현실로부터 새롭고 적절한 개념을 얻을 수 있을까? 어떻게 우리는 이미 익숙하게 잘 아는 것들을 해체시키고, 알지 못하는 새로운 것들로 변환시킬 수 있을까?

한 개념이 정립되기까지

아렌트가 그녀의 정치이론에 관한 글에서 시도한 탈학습의 중심개념 가운데 하나가 '용서'였다. 1950년의 『사유의 일기』에는 용서라는 개념이 여전히 이웃에 대한 사랑이라고 하는 기독교적 전통에 따라 구현된 것으로서, 아렌트에게는 이것이 단지 우월감을 드러내는 태도에 불과할 뿐이었다. 이로 인해 아렌트에게 용서는 풀리지 않는 물음이었다. 10년이 지난 1961년에 이르러서야 용서할 수 있는 인간의 능력이 아렌트의 정치이론에서 핵심개념이 되었다. 여기서는 아렌트가 찾아낸 용서라는 개념이 도덕철학의 영역에서 어떤 새로운 기여를 했는지 따져보려는 것이 아니라, 오히려 어떤 사유의 곤경으로부터 그리고 어떤 계기로 인해 아렌트가 전해 내려온 이 개념에 대한 기존의 이해를 버리고, 그것을

기독교적 맥락에서 분리시켜 '분해하고' 새롭게 용서
의 개념을 탈-학습하였는가에 대한 질문들이 논의
의 중심에 있다.

전후의 딜레마

1949년 '유대문화복구협회'가 한나 아렌트를 독
일로 보내서 나치에 의해 도난당했으나 파괴되지 않
은 유대고문헌, 기록물, 도서, 유물들을 찾아 유대민
족에게 돌려주는 일을 맡겼다. 그때 아렌트가 지나가
는 곳의 풍경은 여전히 그녀의 고향이었지만 도시들
은 폐허로 변해 있었다. 그녀는 가는 곳마다 재건에
몰두하는 사람들, 즉 반나치주의자, 친나치주의자, 도
서관 사서들, 박물관 임원들, 전범들, 단순 동조자들
을 쉽게 볼 수 있었다. 그 가운데 그녀의 오랜 친구인
칼 야스퍼스Karl Jaspers, 에른스트 그루마흐Ernst Grumach
와의 재회는 그녀에게 더 없는 편안함을 안겨주었다.[5]
그런데 담판을 지어야 하는 다른 사람들, 도무지 원
상복구를 할 수도 없고, 용서할 수도 없고, 차라리 모

든 일들이 일어나기 이전의 상태로 돌리고 싶어 하거나 적어도 지난 일들을 외면하고자 침묵하며 맹목적으로 재건에 열을 올리는 전후 독일인들을 어떻게 대면해야 할까? 아렌트가 1947년 칼 야스퍼스에게 보낸 편지에도 썼듯이, 유대인 대량학살은 그 어떤 현존하는 정치적 범주로도 이해할 수 없을 뿐 아니라, 그 어떤 현존하는 사법적 수단으로도 심판할 수 없는 엄청난 사건이었다. "독일인들은 현재의 형법체계로 심판할 수 없는 수천, 수만, 수십만의 죄인들로서 죄책감에 짓눌려 있고, 반면 우리 유대인들은 수백만의 죄없는 희생양들로 인해 심적 부담을 느낍니다. 바로 그 때문에 지금 살아 있는 모든 유대인들은 스스로를 흡사 '의인화된 순수'로 여기는 것 같습니다."[6]

'의인화된 순수'는 이 세상의 공동체와 아무런 관련이 없는 성인聖人들을 일컫는다. 독가스 실험실의 현실 앞에서 법은 아무 소용이 없었다. 나치의 행위는 상상을 초월하였다. 그들의 죄악을 심판할 척도가 없었다. 게다가 법은 법에게 부여된 두 번째 사회적 임무를 수행할 수 없었다. 통상 범법자는 형벌을 받고 사회로 복귀한다. 법 상식에 따르면 형벌과 방면은 짝을 이룬다. 왜냐하면 이 두 행위는 범죄에 의해 잃어버린 공동체의 연대감을 재건할 가능성을 제공하기 때문이다. 그러나 나치 범법자들에게는 이러한 법 상식이 통하지 않았다.[7] 그럼에도 불구하고 그들은 마땅히 법정에 서서 행위에 따라 법의 심판을 받아야 했다. 아렌트도 나중에는 아이히만에 대한 사형집행을 다음과 같이 정당화하였다. "누가 이 지구상에서 살아야 하고 살 수 없는지에 대해 전권을 가지고 결정한 사람들과 이 지구에서 함께 살아가기를 인류 가운데 그 누가 원하겠는가."[8]

법에 따라 처벌도 되지 않고 따라서 용서받을 수 없다고 판명된 저 범죄가 아렌트의 눈에는 "임마누엘 칸트가 말한 '근본악'"에 속하였다. "그것이 무엇인지는 몰라도 우리는 이 죄악에 대한 경험을 쌓을 기회를 충분히 가졌다. 어찌 됐건 우리는 인간사의 영역을 넘어서고, 인간의 권력으로부터 벗어나 있는 바로 그 어떤 것을 벌줄 수도 없고, 용서할 수도 없다는 점에서 '극악'을 인식할 수 있을 것이다."[9]

한나 아렌트가 1950년도의 『사유의 일기』에서

보복을 정치적으로 가능한 행위로 인정한 반면, 이웃에 대한 사랑에서 비롯된 용서는 상상도 할 수 없는 것이었다. 이 당시엔 용서에 대한 새로운 이해가 아직 보이지 않았다. 새로운 개념은 아직 미숙하였다. 그러나 아렌트는 인간 상호 간의 윤리적 척도를 찾기 시작하였다. 그녀는 한 개인이 "스스로 재앙을 당한 피해자라고 진지하게 받아들이면서도 그것을 소위 세계사의 문제로 떠넘기지 않고, 어느 정도까지 초연해질 수 있는가"[10]라는 질문을 던졌다. 이 질문은 현재의 요청이기도 하다. 사람들은 현실의 수많은 당면과제로 인해 제도화된 확실성 안에서도 혼란에 빠져야 했기 때문이다. 그런데 어떻게 그녀는 사유의 세계를 고유한 경험의 세계에 다시 연결시킬 수 있었을까?[11] 어떻게 언어가 수다로 전락하거나 논리적 추론에 빠지는 것으로부터 구제되어 다시 인간에게 "진정한 양식"(블뤼허)을 공급할 수 있었을까?

빈 캔버스

프랑스 철학자 질 들뢰즈Gilles Deleuze가 말했듯이, 어떤 화가도 완전히 비어 있는 캔버스를 마주하지는 않는다. 마찬가지로 하얀 백지 앞에 앉는 작가는 아무도 없다. 현대 예술가가 마주하는 텅 빈 캔버스는 사실은 전승되어온 이미지들로 가득 차 있어, 예술가는 스스로 고유한 작품을 구상하기 위해 가상의 캔버스를 우선 비워야 한다, 즉 '말끔히 지워야' 한다. 들뢰즈는 이 작업이 때로는 몇 년이나 몇십 년이 걸릴수 있는 '필사적인 사투'라고 표현하였다.[12] 한나 아렌트 역시 그런 '필사적인 사투'를 택하여 기독교적인 용서를 정치적인 토대로서의 용서로 재해석하고자 했다. 『사유의 일기』는 그녀의 탈학습 과정, 즉 '말끔히 지우는 것'과 '새로 구상하는 것'에 대한 정보를 준다.

그림형제가 편찬한 독일어 사전에 따르면, '용서'는 우선 두 사람 사이에서 발생하는 사안이며, "자신에게 가해진 공격, 권리의 침해, 고유한 이권에 대한 부당한 개입에 대항하여 처벌하거나 보복하지 않으며, 자유의지에 의해 면제하거나 눈감아주는 것을 의미한다. 그리고 용서는 행해진 부당함에 대해 더 이상 앙심을 품지 않는다."[13] 용서는 누군가가 청구할 수 없으며, 용서하는 자의 일방적이고 '자의적인' 행위이다. 이 행위는 사람들 사이에서 일어난 무엇인가를 그 행위에 내재된 결과로부터 해방시키려는 것이다. 어원학적으로 용서Verzeihen는 포기하다Verzichten로 소급된다. 이를테면, 다른 사람을 위해 법률상 청구권을 포기한다는 의미이다. '용서하다Vergeben'는 '준다geben'를 연상시키며, 이는 대가를 바라지 않는 무조건적인 성금이나 이웃에 대한 기독교적인 사랑을 연상시킨다. 두 단어—용서하다Vergeben와 용서하다Verzeihen—는 비록 의미의 변천에 관하여 상이한 역사가 아직 남아 있다고 하더라도, 오늘날 일상에서는 실제 거의 차이가 없다. 아렌트도 역시 이 두 단어의 차이를 엄격하게 구분하지 않았다. 이웃에 대한 기독교적인 사랑으로부터 용서를 정당화하려는 노력은 오늘날에 이르기까지 보편적인 사고와 철학에까지 영향을 끼치고 있다.

이처럼 전승되어온 의미들이 아렌트가 『사유의 일기』를 기록하는 데 결정적인 영향을 끼쳤다. 아렌트의 주요작품인 『인간의 조건』에서는 용서와 이웃에 대한 사랑이 가지는 유사성을 배척하였다. 그 이유는 이 문제가 아렌트에게는 거의 풀 수 없는 과제였기 때문이다. 한 개념을 정치적으로 새롭게 정립시키려는 시도로 인해, 새롭게 재해석되는 어떤 개념도 '용서'만큼이나 그렇게 큰 대립적 호응을 불러일으킨 적은 없었다. 지금까지 "종교적 맥락에서 발견되고 또 '사랑'에 종속되어"[14] 쓰였기 때문에, "정치적 영역에서는 결코 진지하게 여겨지지 않았던" 이 개념이 어떻게 갑자기 한나 아렌트의 정치이론에서 혁신적인 중심 주제로 떠오르게 되었을까? 그리고 이 주제는 이후에도 철학적 논쟁(폴 리쾨르, 블라드미르 장켈레비치Vladimir Jankelevitch[15])에서뿐만 아니라 최근의 정치적 논의에서도 아렌트의 구상과 연관 지어 논쟁적으로 다뤄지고 있다. 용서에 대한 아렌트의 해석은 1990년대에 이르기까지 남아프리카의 〈진실과 화해 위원회〉의 논의에서도, 그리고 최근에는 현재 구속 수감 중인 독일의 적군파RAF 대원들에 대한 방면을 둘러싸고 벌어진 독

일연방의 논쟁에 이르기까지 중요한 역할을 하였다.[16]

1950 — 용서는 없다!

아렌트는 1950년 6월, 『사유의 일기』 도입 부분
에서 "일어나지 말았어야 할 근본적인 악이란 사람들
이 도저히 화해할 수 없는 것이며, 어떤 조건하에서도
운명으로 받아들일 수 없고, 또 침묵하면서 그냥 지나
쳐선 안 되는 것이다. … 복수와 용서는 비록 처벌은
내릴 수 있으나, 죄성이 있는 인간의 본성을 전제하기
때문에, 즉 누구라도 필시 어떤 범죄를 저질렀을 수
있다고 전제하기 때문에, 실제로는 심판할 수 없다."[17]
고 썼다.

근본적인 죄악은 받아들일 수 없는 것이다. 그러
나 아렌트가 독일에서 사람들이 서로 귓속말을 나누
면서 지나간 과거에 대해선 침묵으로 일관하며 그들
의 삶을 영위하는 모습을 목도하고 뉴욕으로 돌아온
후, 그녀는 정신적, 도덕적 딜레마를 『사유의 일기』의
첫 번째 기록으로 남겼다. 아렌트는 이웃에 대한 기독

교적 사랑이라고 하는 관념에 서로 연결되어 있는 신과 인간의 연관성을 분명하게 분리시켰다. "사람이 저지른 불법행위는 그 사람이 스스로 책임을 져야 하기 때문에, 그가 짊어지고 가야 할 짐이 된다." 사람에게서 이 짐은 "오직 신만이 덜어줄 수 있다." 계속해서 '용서'는 원칙적으로 서로 질적인 차이가 나는 사람의 관계에서만 이루어질 수 있다고 쓰여 있다. 그러므로 부모라도 자녀가 아직 자녀일 때만 이 자녀들을 용서할 수 있다. 그 이유는 부모가 자녀들에 대해 절대적으로 우월한 지위에 있기 때이다. 같은 지위의 사람 사이에선 이러한 용서의 제스처가 인간관계의 근본을 극단적으로 망가뜨릴 수 있기 때문에, 실제 그런 용서가 행해진 이후에는 더 이상 정상적인 인간관계가 불가능해진다. 사람들 사이에 이루어지는 용서란 단지 포기하는 것을 의미할 뿐이다. 보복하는 것을 포기하고 침묵하며 지나쳐버리는 것으로, 이것은 근본적으로 결별이라는 것이다. "비록 다른 사람에 대한 보복의 기회가 항상 잔존해 있고 관계가 지속된다고 하더라도."

'다른 사람에 대한' 보복의 기회가 남아 있다는

것은 사람들이 서로 말하고 행동함으로써 스스로를 표현한다는 것에 기인한다. 이는 사람들이 실수를 하고 악행을 저지르는 가운데에서도 사람인 것이며 관계를 맺고 살아간다는 사실에 바탕을 두고 있다. 같은 기록에서 아렌트는 한 걸음 더 나아간다. 사람들끼리의 용서는 사실 '용서하는 척하기'라는 것이다. 죄를 지은 사람의 어깨 위에 스스로 짊어진 짐은 표면상으로 덜어졌지만, 용서한 다른 사람은 그의 편에서 상대방의 짐을 대신 져야 하고, 그러면서도 동시에 '부담이 없는 것처럼' 보여야 한다는 것이다. 이렇게 해야만 죄를 지은 사람과 그의 행위로부터 벗어날 수 있기 때문이다. 이렇게 하여 가해자는 범행으로부터 면죄를 받을 수 있으나, 이런 식으로 죄의 짐에서 홀가분할 수 있는 사람은 아무도 없을 것이라고 아렌트는 쓰고 있다.

1950년도의 아렌트에게 인간 상호 간의 용서는 오직 기독교적으로 '죄지은 자들의 연대감'[18]에서만 정당화될 수 있었다. 프리드리히 니체가 말한 보복과 용서의 시간적 차원에 대해서는 명백하게 언급되지 않았다. 니체에 따르면 "복수는 시간에 대항하고 또

'과거의 한때'에 대한 의지적인 거부"[19]를 뜻하며, 우리의 현재가 아직도 여전히 과거에 행해진 악행의 특성을 나타내지만, 용서는 그때그때의 현재를 과거로부터 벗어나도록 한다. 이런 이유에서도 1950년 당시 용서는 정치적으로 고려해볼 사안이 아니었다.

용서의 기독교적 구상은 쓸모가 없었지만, 그렇다고 해서 1950년에는 다른 대안이 보이지 않았다. 그녀가 용서에 대해 다시 심사숙고하고 이 개념에 대한 논의에 새로운 활력을 불어넣을 동기를 갖게 된 데에는 뭔가 특별한 사건이 있었거나 충격적인 계기가 있었음에 틀림없다. 1961년 아렌트는『인간의 조건』에서 용서라는 개념을 기독교적인 맥락에서 정치적인 맥락으로 재설정하였다. 용서가 약속과 함께 정치적인 자유의 보증이 되게 함으로써 용서의 탈학습을 실현하였다.

1953 — 한때 공산주의자였으나
계속 그런 것은 아니다

『사유의 일기』는 아렌트가 걸어간 탈학습의 궤적을 보여준다. 1953년에는 '용서'라는 주제에 대한 아렌트의 다음 기록이 남아 있다.[20] 이때가 매카시 선풍이 최고조에 달했던 시기이기 때문에, 용서(자비나 화해와 마찬가지로)는 이미 시작된 행동을 실행하는 과정 안에서 또 다른 새로운 시작을 위임하는 것과 같았다. 과거의 공산주의자나 그 동조자에 대해 매카시 미상원의원이 획책한 마녀사냥은 아렌트와 그녀의 남편을 정치적으로, 그리고 직접 개인적으로도 위협하였다. 1920년대와 1930년대에 공산주의운동이나 그에 동조하는 조직과 접촉하였거나 〈비미국적 활동에 관한 위원회〉에 흔쾌히 협조하지 않거나, 즉 매카시파의 공격적인 반공산주의를 적극적으로 옹호하지 않는 그 누구라도 당시 매카시의 표적이 되었다. 이전의 공산주의자, 혹은 그러한 혐의를 받거나 스스로 고백한 사람들은 아무런 죄를 저지르지 않았더라도 박해를 당하였다.

공산주의자들을 향한 마녀사냥은 단지 좌파단체에 동조를 했다는 이유만으로도 배우, 노동자, 영화감독, 작가, 은행직원 등을 청문회에 소환하여 공개적으로 후회와 굴종이 섞인 자기비판을 하도록 하였고, 이전의 전우나 동지를 순순히 밀고하도록 강요하였다. 이전의 정치적 신념 때문에 적지 않은 이민자를 포함하여 많은 사람들이 이미 1950년에 체포되거나 해고당했으며, 출판금지나 공연금지를 당하였다. 노벨문학상 수상자인 토마스 만조차 당시 공산주의 옹호자로 공격을 받게 되자 1951년 미국을 떠났다.

한나 아렌트는 1951년 12월에, 남편인 하인리히 블뤼허는 1952년 6월에 미국시민권을 획득하였다. 블뤼허는 독일 공산당의 불법적 무장조직에 가담한 전력 때문에 바드 대학Bard College의 일자리가 위태롭게 되었다. 그런데 그것뿐만이 아니었다. 매카시 집권하에 1953년 전국에 흩어져 있는 10,000명의 국적 취득자들에 대해, 그 당시 말 그대로 '재심사'가 이루어짐으로써 블뤼허는 추방될 위험에 처하였다.[21] 이러한 조처는 아렌트를 비롯한 다른 많은 이민자들에게 때

때로 나치의 조처가 재현되는 느낌을 받게 하였기 때문에, 아렌트는 강제추방을 '반인륜적 범죄'에 해당하는 것으로서 배격할 것을 촉구하였다.

사람들이 거부한 미국의 우파정치보다 아렌트를 더 혼란스럽고 불안하게 한 것은 변절한 좌파들의 공격적인 선동과 선전이었다. 전체주의에 대항한 미국 내의 투쟁에서 바로 전체주의의 성향을 읽어낼 수 있었던 사람은 아렌트와 블뤼허뿐만이 아니었다. 스탈린 치하의 공산주의를 방지한다는 목적을 위해서라면 반민주적 정책일지라도 그 수단으로 정당화하였지만, 이러한 매카시의 논리는 공개적으로 거의 논의되지 않았다. 매카시의 적개심은 이중으로 나타났다. 그는 미국 내에서 좌파세력을 약화시키고자 하였고, 대외적으로는 '자유와 민주주의'라는 슬로건하에 중립 국가들을 서방세력으로 묶어 소련에 대항하는 동맹을 구축할 수 있도록 유럽의 경제, 정치, 문화 영역의 지도자들에게 구애를 하였다. 아렌트는 한때 공산주의자였으나 스탈린주의의 전체주의적 시각을 비판하는 데 아렌트와 뜻을 함께한다고 믿었던 바로 그 사람들이 지금 매카시를 지지하는 주요증인으로 등장하는 것을 보고, 그 모순에 경악했다. 이것은 그야말로 불가사의한 현상이었다. 아렌트는 깊은 근심에 잠기지 않을 수 없었다.

아렌트는 「전 공산주의자들Ex-Kommunisten」[22]이라는 글에서 그녀가 당시 기회주의자들이라고 명명한 매카시의 추종자들이 어떻게 개념들을 간단히 교체했는지를 분석하였다. 그들은 예전에 공산주의에 대고 맹세했던 것처럼, 지금은 자유와 민주주의를 빌미로 무조건적인 충성과 밀고의 각오를 요구하였다. 그들은 여전히 '대의'를 위해 싸우지만, 이번은 이전과는 다른 대의일 뿐이다. '올바른 대의'라고 하는 새로운 명분은 전체주의라는 난제를 가졌다고 아렌트는 쓰고 있다. 그들이 민주주의를 하나의 '대의'로 전환시킴으로써, 즉 미래에 이루어질 사안으로서의 민주주의를 위해 사람들은 '지금과 오늘'을 헌신함으로써, 현재는 부자유하게 되고, 미래에 대한 생각은 현재를 파괴시키게 된다.[23]

미래에 대한 불안이나 "한번 공산주의자는 영원한 공산주의자"라는 매카시의 선동으로 인해 현재가 파괴되는 것을 사람들은 어떻게 피할 수 있었나? 매카시의 모토에 따르면, 사람은 결코 자신의 과거로부터 벗어날 수 없고, 이전의 신념이나 행동의 경로를 줄곧 따라가며 살아가야 하기 때문이다. 하인리히 블뤼허가 소비에트공화국을 오랫동안 옹호했으며 소비에트 독재에 대해 침묵했던 그 과거 행위로 인해 그가 세월이 흐르는 동안 전체주의를 꿰뚫어보고 비판하였음에도 불구하고 한평생 그를 규정하고, 끝까지 그를 추격하는 것이 과연 가당키나 한 일인가. 『인간의 조건』에서 보여준 용서와 약속에 관한 핵심적인 분석을 읽어보면, 이미 1953년에 제기한 아렌트의 질문에 대한 약간의 해결점을 찾을 수 있을 것이다. 아렌트가 『인간의 조건』에 자유의 딜레마로 기록한 바와 같이, 한때 공산주의자였던 사람들이 과거에 행한 '하나의 행위와 말'로 인해 평생 동안 갇히게 되는 것을 어떻게 막을 수 있을까? 한때 공산당원이었다는 전력 때문에 하인리히 블뤼허는 "글자 그대로 그의 최후까지 추격당하는"[24] 위협에 시달렸다. 그는 과거의 전적이라고 하는 끔찍한 감옥의 죄수로 살아야 할 위협에 직면해 있었다.

1953년에는 『인간의 조건』이 아직 쓰이지 않았다. 당시 아렌트를 불안하게 한 것은 친구들이 매카시에 협력하고, 또 이전의 공산주의자들이 변절하여 매카시의 선전도구로 전락한 사실들이다. 이들 가운데에는 작가 이그나치오 실로네Ignazio Silone, 아렌트와 함께 일했던 저널리스트 클레멘트 그린버그Clement Greenberg와 엘리엇 코헨Elliot Cohen, 시드니 훅Sidney Hook, 예술사가 해럴드 로젠버그Harold Rosenberg, 그리고 배리언 프라이Varian Fry와 같이 이전의 친구들이나 동지들이 있었다. 프라이는 프랑스 마르세유에 구조본부를 세우고 아렌트나 블뤼허 등 많은 이민자들을 미국으로 밀입국시키기도 하였지만, 전쟁이 끝난 후 그 역시 매카시에 동조하였다. 그는 공산주의의 동조자라고 기소까지 당하였음에도 불구하고, 아니 어쩌면 그랬기 때문에 매카시의 나팔수가 되었을 수도 있다. 그에 대한 법적 소송절차가 중단된 이후에 그는 "우리 사회가 안전할 수만 있다면 내가 고통에 시달린 것쯤은 올바른 결정이었다."[25]라고 발표하였다.

이 변절자들은 흡사 속물들처럼 하필 '자유와 민주주의'라는 (보수주의적) 슬로건이 적힌 깃발 아래서 행진하고 있지만, 그들도 한때는(뉴딜New Deal 시대에는) 그 슬로건의 내적 공허와 허위 앞에서 좌익운동으로 피신한 적이 있었다.[26] 무엇이 그들을 두렵게 했는지 몰라도, 이 변절자들은 어용이 되었다. 아렌트는 독일에 있는 한 친구에게 편지를 보내 "그들은 자기 스스로를 조정하여 사회 적응을 시도하고 있다."라고 썼다. 그리고 이어서 독일어로 "여기서는 힌츠Hinz가 금방 쿤츠Kunz가 되고, 쿤츠Kunz가 힌츠Hinz로 획일화된다."라고 하였다('힌츠와 쿤츠'는 '너나 할 것 없이 누구나', '개나 소나'라는 뜻으로 쓰이는 관용어 - 옮긴이).[27]

이그나치오 실로네가 (공산주의자와 전 공산주의자 간의 - 옮긴이) '마지막 갈등'에 대해 이야기했고, 사람들은 최후의 결전이라는 여론을 퍼뜨렸다.[28] 당시 아렌트와 블뤼허는 고립감을 느꼈다. "나는 다 괜찮은데, 여기서 대부분의 사람들과 접촉할 기회를 점점 잃어버리고 있어요. ― 일부는 정치적인 이유 때문이지요(매카시와 관련된 일들은 정말 심각하고 의견차가 너무 심하답니다)."라고 아렌트는 이스라엘에 있는 게르솜 숄렘에게 편지를 썼다.[29] 그리고 작가인 알프레드 케이진Alfred Kazin은 "매카시 광풍이 몰아치면서 한나가

공개적으로 전 공산주의자로 매도당하고, 매카시가
마녀 사냥꾼이자 훌륭한 애국자가 되어갈 때쯤 블뤼
허와 같은 사람들은 자기들이 마치 북미대륙의 원주
민과 싸우는 외로운 마차 행렬과 같다고 여겼다."[30]라
고 기록하였다

　　당시 아렌트는 "달걀들이 자기 목소리를 내다The
Eggs speak up"[31]라는 수수께끼 같은 제목으로 강연을 하
였다. 그녀는 이 강연의 좌우명으로 랜달 자렐의 미출
간된 시를 선택하였다.

　　전쟁

　　다른 세상을 향하여, 천천히 준비를 하는
　　겨울날 새벽 4시에, 수많은 다리들이…
　　오믈렛을 만들지 않고는 달걀을 깨뜨릴 수 없다.
　　그들은 이렇게 달걀들에게 말을 했다.[32]

　　자렐은 아렌트의 『전체주의의 기원』에서 전체주
의는 '필연성의 굴레'라는 책략을 음모하여, 이를 통
해 "인간의 역사에서 인간을 제거해버릴" 위험성을 가

지고 있음을 읽어냈다. 이것은 '논리적 추론의 사슬'이다.[33] 자렐의 시 「전쟁」은 마치 이 문장에 대한 답변처럼 들린다. 왜냐하면 이 시는 '필연성의 사슬'을 단절시켜야 할 필연성을 다루고 있기 때문이다. 아렌트는 아래와 같은 좌우명과 함께 강연을 시작하였다.

다른 세상을 향하여, 천천히 준비를 하는,
겨울날 새벽 4시에, 수많은 다리들이…

이 시에는 자렐이 복수로 표현한 것처럼('수많은 다리들') 겨울날 새벽 4시에 다양한 사람들이 길을 떠나 행군을 시작한다. 그런데 머리도 몸통도 없다. 오직 다리들만 더 나은 다른 세계로 진군한다. 그러나 더 나은 세계에 대한 약속은 「전쟁」이라는 제목을 통해 이미 전쟁상태라는 그 정체를 드러냈다. 이 다리들은 머리가 만들어내는 이념의 경쟁을 대체한 이데올로기의 전쟁으로 진군하고 있다.

이 시에 영감을 준 것은 미국발 뉴스였다. 이 뉴스는—나중에 조작된 것으로 밝혀졌지만—스탈린이 우크라이나에서 발생한 기아상태에 대해 비아냥거리듯이 "달걀을 깨뜨리지 않고는 오믈렛을 만들 수 없다."는 관용구를 언급했다고 전했다. 아렌트의 친구인 자렐은 눈에 띄지 않게 효력을 발휘하는 스탈린의 이 뻔한 상식을 비틀어버렸다.

오믈렛을 만들지 않고는 달걀을 깨뜨릴 수 없다.

단 한 줄의 시구로 시인 자렐은 20세기의 상식이 어떤 살인적인 난센스로 바뀔 수 있는지 알리는 데 성공하였다. 생각하지 말라! 앞으로 진군하라! 그대들의 희생이 반드시 좋은 결과를 가져올 것이다! — 이렇게 스탈린의 냉소주의의 가면을 벗겨버리는 데 성공한 자렐의 시는 다음 4행에서 전체주의에 대한 아렌트의 비판 정신을 비유적으로 드러낸다.

그들은 이렇게 달걀들에게 말을 했다.

여기서 그들은 누구인가? 그리고 달걀들은 누구인가? "달걀을 깨뜨리지 않고는 오믈렛을 만들 수 없다."라고 하는 관용구는 본래 자연의 추상적인 이치와 같은 과정이다. 이것은 마치 인간의 의지와 행동에 관계없이 실현되며, 인간은 단지 수동적으로만 알아챌 수 있는 어떤 것을 일컫는다. 그런데 이 시의 마지막 행은 잠언의 추상적 성격을 다시 인간의 행동과 참여에 재연결시킨다. 지배계급은 '말하고' 달걀들은 그들이 말한 것을 들을 수 있다. 바로 이 점은 달걀이 그들이 들은 것에 반하여 행동할 수 있다는 사실을 일깨워준다. 자렐은 전체주의의 물결이 휩쓸고, 기계적인 논리와 핵전쟁의 위험이 상존하며, 외부상황이 초래한 강제에 의해 생존이 위협받는 그런 시대에 경험의 차원과 동시에 행동의 차원을 인간의 삶에 돌려주었다. 아렌트는 강연을 위해 사용한 좌우명을 통해 달걀과 오믈렛에 관한 상투어가 인간성에 대한 선전포고라는 점을 알리고자 하였다. 또한 상투어, 미사여구, 관용구가 지배하는 언어의 고정된 틀이 사람들의 경험에 의해 깨뜨려져야 하며, 행위의 차원이 다시 청중들의 생각으로 되돌아오도록 하는 것이 관건이었다.

한나 아렌트가 좌우명으로 택한 이 시와 함께 아렌트는 시인과의 대화를 기록하였다. 예술은 전체주의에 의해 단절된 세상과의 소통을 회복시킬 가능성을 갖고 있기 때문이다. 예술가들은 가상의 세계로 전달하고 번역하는 행위를 통해 이 세상에서 현실감을 잃어버린 개념, 생각, 아이디어 등을 세상 속에서 깨어나 생동감 있게 살아 있도록 할 수 있으며, 또한 모호하게 되어버린 개념이나 아이디어에 대해선 새롭게 따져 물어볼 수 있다. 이것은 결과가 어떠하더라도 고갈되지 않는, 아렌트와 예술가들 간의 대화에 영감을 불어넣어 주는 이론적 기초 작업이었다.[34]

아렌트는 오늘날까지 "이 세상에 대한 믿음을 갖는 유일한 사람들이 예술가"라고 썼다. 그녀에게 "예술작품의 지속성은 곧 이 세상의 영속성을 반영한다. 예술가들은 세상으로부터의 소외를 감당할 수 없다." 자렐로부터 따온 좌우명과 함께 아렌트는 세상에 대한 문학의 이해를 자신의 철학적 작업을 위해 끌어들인다. 권위가 상실되고 전통이 붕괴된 시대에 개념의 '하부구조'(한스 블루멘베르크Hans Blumenberg)에 접근하기 위해선, 문학적 은유가 철학적 작업을 위한 통로가 되기 때문이다. 시인들은 이 세상이 가져온 불안과 걱정에 대해 스스로 답을 하고, 이미지를 통해 보존해

야 한다. 특히 질문들이 너무 시끄럽고 이론적인 기초
가 너무 빈약할 때는 더욱 그러하다.

　　문학은 고정된 언어의 틀을 깨뜨리고, 소리, 리
듬, 이미지를 잠입시켜—미학의 침공을 통하여—사
유의 세계를 동요시킨다. 문학적 글쓰기는 단어들이
가지고 있는 본래의 의미를 상당히 크게 벗어나, 어
떤 새로운 의미(즉 고집이나 난센스라고 하여도)를 부여
하도록 도와준다. 그러면 이것은 나중에 매번 읽을 때
마다 새롭게 혹은 다르게 이해될 수 있다. 문학적 언
어는 과감하게 미지의 세계로부터 무엇인가를 얻어내
어 피상적으로 보이는 진실과는 다른 진실에 더 가까
이 도달하려고 한다. 시인 프란츠 요셉 체르닌Franz Josef
Czernin이 표현하였듯이, 그것은 마치 한 걸음 한 걸음
빈 공간으로 나아가는 하나의 사다리가 되는 것처럼
여겨진다. 문학적 글쓰기는 글을 쓰는 운동이다. 작가
는 글을 쓰며 스스로 놀라고, 혼란에 빠지기도 하고,
실망하기도 하는데, 이러한 평화의 교란이 원래 글쓰
기라는 은유에 내재되어 있는 까닭이다. 그래서 시를
읽을 때나 들을 때마다 섬광처럼 깨닫게 되는 이해력

을 가지고 사유의 근본적인 작업이 새롭게 시작된다.

자렐의 시는 아렌트에게 연상공간을 열어주어, 같은 해에 『전체주의의 기원』의 마지막 장인 '이데올로기와 테러'에서 지속적으로 진부한 상투어의 지배에 대해 훨씬 명확하게 다루었다. 아렌트는 아이히만 인물평전에서 상투어를 사용한 진부한 사유방식에 대항하여[35] '실제의 충격', 즉 사색적 만남과 실제로 현존하는 세계인 현실에 대한 논쟁을 제시하였다. 독일 공산당과의 전력이 있는 아렌트의 남편 블뤼허는 반공산주의자의 대열에 합류하려 하지 않았고, 편입되는 것 또한 원치 않았다. 그는 1952/53년에 공산주의자가 되는 것도, 전 공산주의자로 분류되는 것도 원치 않았다. 오믈렛의 이미지에 머물러보자면, 그는 달걀의 은유를 더 이상 원하지 않았다. 사람들은 무엇보다도 소위 선한 대의명분 때문에 기꺼이 자신을 희생하려는 달걀처럼 생각하는 것을 멈춰야 했다. 이렇게 달걀처럼 생각하는 것은 모든 사람의 자유에 대한 위협이었다. 아렌트는 이미 1950년 『사유의 일기』에서 "'대패질을 하면 대팻밥이 떨어지기 마련이다'라고 누군가 우선 결정했다면, 친구도 그를 더 이상 말릴 수 없다. 왜냐하면 그는 이미 더 이상 친구를 갖지 않기로 결정했으며, 이미 모든 것을 희생했기 때문이다. 오직 대팻밥만 남아 있다."[36]라고 기록하였다.

판에 박힌 상투어들이 승리를 획득해서는 안 될 것이다! 소비에트의 위협을 방지한다는 매카시의 목적이 아렌트에게는 어떤 수단도 정당화시킬 수 없었다. 아무리 고상한 목표를 추구한다고 하더라도 악한 행위는 이 세상에 악을 가져올 뿐이다.

아렌트는 1953년 이미 시작된 행동을 실행하는 과정에서 또 다른 새로운 시작의 가능성을 언급할 뿐만 아니라, 용서, 자비, 화해는 "시작된 행위를 계속 진전시킨다."라고 강조하였다.[37] 그런데 "어떤 것도 역행시키지 않으면서 원래 속해 있지 않았던 다른 방향으로 이끄는 것이다."라고 하였다. 이 말에는 용서라는 개념이 장차 『인간의 조건』에서 '정치적 자유'라는 의미를 가지게 될 중요한 토대가 들어 있다. 그녀는 같은 시기에 프린스턴 대학에서 행한 마르크스에 관한 강연에서도 이와 유사하게 말하였다. "행동하는 것과 용서하는 것은 경험에 속한다. 누군가가 행동을 하는 것은 용서할 준비가 되어 있어야 하고, 누군가가 용서를 한다는 것은 실제로 행동하는 것이라는 점에서 이 두 가지는 서로 공통적이다."[38]

사람들은 아무리 자기 자신의 역사라고 할지라도 역사를 되돌릴 수 없고, 저지른 행위를 없었던 것으로 만들 수 없지만, 자신의 '역사'는 "원래 속해 있지 않은 다른 방향"으로 진전시킬 수 있다. 사람들이 자기 자신의 행위로 인해 박해를 당해선 안 된다. 용서, 자비, 화해를 할 수 있는 능력이 행위에 자유를 부여한다는 생각은 이미 생겨났지만, 물론 그 이상은 아직 아니었다.

마르크스에 관한 강연과 달리 같은 시기에 작성된 "달걀이 자기 목소리를 내다"에서는 용서라는 개념이 등장하지 않았다. 그리고 같은 해에 쓰인 전 공산주의자들에 관한 에세이에서도 아렌트는 여전히 용서에 관한 새로운 아이디어를 전개시키지 않았다. 그러나 아렌트는 "언젠가 한때 전체주의적 운동에 빠져들었던 사람들과의 연대"를 촉구하였다. 이를테면 이전의 나치주의자든 공산주의자든 어떤 범행도 저지르지 않은 사람들은 공동체로 복귀시켜야 한다는 생각이었다. 여기서 말하는 연대란 기독교적이거나 사적

인 것이 아니다. 아렌트는 모든 인간이, 그러니까 그
녀 자신을 포함하여, 모두 죄인이라고 하는 종교적 통
찰을 증거로 삼지 않는다. 여기서 연대도 용서와 마찬
가지로 종교적인 것에서 세속적인 것으로 그리고 정
치적인 것으로 번역된다. 연대는 다양성의 인정과 심
경의 변화에 대한 가능성을 의미한다. 이러한 '연대'
는 어쩌면 인간이 자연과 싸우는 과정에서 생긴 인간
적인 연대에서 생겨났겠지만, 아렌트가 이후 전개시
키는 용서의 정치적 기획에 관한 전주곡이었다.

1958 — 자유, 심경의 변화

아렌트는 마르크스에 관한 강연에서 행위와 용
서의 근접함에 대해 약술한 이후로 『인간의 조건』에
서 다음 단계로 나아간다. 이전에 기록한 『사유의 일
기』에 "니체, 인생이 우리에게 한 약속을 우리가 지킬
것이다."[39]라고 쓴 적이 있다. 이 대목에서 아렌트는
"현재를 실현시키고", 현재가 과거나 미래의 효력에
의해 '소모'[40]되지 않도록 한다는 전제하에, 개별적인

인간이 태어날 때부터 삶과 함께 시작되는 다른 사람들과의 결속에 대한 생각을 기록하였다. 용서와 약속은 인간에게 두드러진 능력으로, 자유를 보장하며, 과거나 미래에 의해 지배당하지 않는 자유를 보장한다. 만일 용서하는 것과 잊는 것이 없다면, 모든 과거의 행위는 돌이킬 수 없게 되고 현재는 과거에 의해 지배될 것이다. 만약 약속이 존재하지 않으면, 미래는 온통 불투명해지고 현재는 미래에 대한 모든 두려움과 불확실성에 의해 지배당할 것이다. 아렌트는 니체가 『도덕의 계보학Genealogie der Moral』에서 밝힌 이론적 주장, 즉 인간은 징벌의 위협을 이용하여 누구나 평등하도록 강제되고, 약속을 지키게끔 길들여지며, 본능적 두려움을 경감시키는 '사회적 강제의 재킷'(사회적 규범이나 관습-옮긴이)을 입어야 한다는 입장에 암묵적으로 반대의사를 나타냈다. 아렌트는 『사유의 일기』에서 오직 자유로운 상태에서 맺은 상호 간의 약속만이 사람들을 서로 묶고, 화합할 수 있게 한다고 반박하였다. 사람들이 자유롭게 그들을 구속하는 의지의 결정에 대한 전제를 기억할 때만이, 즉 그것 자체가 "미래를 위해 보증할 때만이"[41] 인간은 그들 고유의

'의지의 기억'(니체)에 자유롭게 묶였다고 느낄 수 있다. 용서와 약속의 능력은 과거에 저지른 행위나 미래에 대한 불안감의 죄수로 살게 될 위험에 반하여 자유롭게 새로운 출발을 할 수 있는 '기쁜 소식'[42]을 알려준다.

　　한나 아렌트는 용서라는 개념을 새롭게 정립하기 위하여 발터 벤야민, 마르틴 부버, 마르틴 하이데거, 프란츠 로젠츠바이크 같은 이들의 발자취를 좇으며 '용서'라는 개념 뒤에 숨어 있는 근원적 체험을 찾아 나섰다. 이 단어의 어원에 도달하기 위하여, 즉 "지난 수세기 동안 이 단어가 변천되어온 것을"[43] 떼어내어, 그 단어에 증식되어 추가된 추상적인—신학적이거나 철학적인—의미를 벗겨내기 위하여, 아렌트는 성서의 근원으로 되돌아갔다. "인간사의 영역 안에서 용서가 할 수 있는 것을 처음으로 보고 발견한 사람은 분명 나사렛 예수일 것이다." 아렌트는 루터가 독일어로 번역한 신약성경의 누가복음을 인용하였다. "만일 하루에 일곱 번 네게 죄를 짓고도 하루에 일곱 번 네게 돌아와 '내가 회개하노라' 하거든 너는 용서해야 한다."

아렌트가 주석에서 알아보기 쉽게 설명을 하였
듯이, 실제 그리스어 원본에서는 이 부분이 다른 차원
을 연상시킬지도 모른다. "텍스트에서 인용된 구절은
다음과 같이 번역될 수 있을 것이다. '만일 하루에 일
곱 번 네게 잘못을 하고, 하루에 일곱 번 다시 와서 말
하기를 내가 *심경의 변화*를 겪었노라고 하면, 너는 그
를 놓아주어야 한다."[44](이탤릭체는 저자의 강조)

그런 방식처럼 원본출처로 다시 돌아가 고문서
를 새롭게 강독함으로써, 개념의 뒤에 숨은 본래의 경
험들이 새롭게 활성화되고 회복될 수 있다. 고문서가
전달하는 바에 따르면, 위 구절의 용서는 오직 부당함
을 당한 자만이 할 수 있는 것이다. 게다가 용서는 대
화를 필요로 하는데, 특히 잘못을 한 사람 쪽에서 심
경의 변화를 일으켰다는 것을 말하는 것이 필요하다.
이렇게 하여 마침내 용서는 '방면'하는 것으로 끝이
난다. 이것은 곧 다른 사람이 새로운 시작을 할 수 있
도록 자유를 허용하는 것이다. 무엇인가 일어나지 않
았기를 바라는 마음, 이러한 회한이 아렌트에게는 받
아들여지기 어려웠다. 왜냐하면 우리가 아무것도 일
어나지 않은 것으로 만들 수 없다는 것이 그녀의 눈에

는 인간적인 실존, 정말 그곳에 있었다는 것을 보증하는 것이기 때문이다. 심경의 변화와 함께 악인은 바로 그가 여기에서 오늘 다른 사람이라는 것을 표명한다. 당사자들이 과거와는 다른 사람이 될 수 있는 '새로운 순간'이라는 착상은 자유의지의 서막으로서의 행위와 용서를 인식한다. 그것은 심경의 변화라는 전제하에 행위를 용서하고 그렇게 하여 당사자들에게 자유를 허용한다.

아렌트는 1958년 『인간의 조건』에 인간적으로 용서할 수 있는 가능성이란 인간 상호 간에 적용되는 사안일 뿐만 아니라 바로 정치적인 '해결책'으로서 필수불가결하다고 썼다.[45] 삶은 사람들이 서로 끊임없이 기존에 행한 일들의 결과로부터 서로를 면죄해주지 않으면 전혀 앞으로 나아갈 수 없기 때문이다. 아렌트는 당사자 한쪽의 헌신에 입각한 '이웃에 대한 사랑'과는 대조적으로 상호 간의 용서는 어떤 행위가 계속 영향을 끼치는 것을 멈추게 할 가능성을 제공한다고 보았다.

아렌트는 『인간의 조건』에서 인쇄용지로 10쪽 분량이 되는 지면을 사용하여 용서를 이해하는 데 필요한 근거와 필연성 그리고 논리적 비약 등에 좀 더 가까이 다가가기 위해 단어와 씨름하였다. 아렌트에게 용서는 신의 의지에 따른 행위가 더 이상 아니며, 온전히 세상적인 것이었다. 게다가 용서는 무조건적이지 않고, 누군가 이전에 용서를 빌었다는 전제하에서, 즉 새로운 시작을 원하는 경우에 일어날 수 있을 것이다. 아렌트는 분단된 세상, 서로 분열된 세상도 그렇게 새로워질 수 있다고 보았다.

> 오직 서로 상호 간에 지속적으로 마음의 짐을
> 덜어주고, 잘못을 면제해줌으로써 자유라는
> 선물을 갖고 이 땅에 태어나, 이 세상에서
> 자유롭게 머물며, 단지 개심하여 새로 시작할
> 의향이 있는 한, 사람들은 새로 시작할 수 있는
> 자유와 같은 엄청난 그리고 무척 위험한 능력을
> 어느 정도 다룰 채비를 한다.[46]

냉전시기에는 자유라고 하는 '선물'에 담긴 혁명적인 약속이 사라질 위기에 처했지만, 서로 지속적으로 마음의 짐을 덜어주고 잘못을 면제해줌으로써 새로운 시작을 할 수 있는 이 약속이 우리에게 유산으로 남아 있도록 하기 위해선 사람들이 마음을 새롭게 하고 새로 시작하려고 하는 마음의 준비가 필요하다. 왜냐하면 사람들은 자유를 소유하는 무모한 시도를 할 '준비를 해야' 하며, 그것을 다룰 수 있는 자격을 가져야 한다. 사람들은 이러한 일들이 일어날 수 있는, 신뢰할 수 있는 장소가 필요하며, 아렌트에게는 법과 법률이 신뢰할 수 있는 이러한 장소의 보증이었다.

용서와 약속에 관한 아렌트의 독창적인 정치적 구상이 드러나자, 사람들은 '혁명책Revolutionsbuch'에 쓰인 다음과 같은 생각에 대해 새로운 인식을 하게 되었다. 즉 일상에서 가난한 자와 부자, 병든 자와 우울한 자, 배우, 실업자, 관료직 공무원 또는 원예가 등으로 나누어지는 국가나 공화국은 바로 건국활동에 포함된 (용서와 약속에 근거한) 의지의 선언을 통하여 타 국민이나 이전의 적대적인 민족조차도 상호참여를 유도할 힘을 발전시킬 수 있다.

하지만 용서는 지시하거나 명령할 수 없는 장으

로 남는다. 용서를 구하는 사람은 공적으로 용서를 청구할 매개 수단이 없으며, 매 순간 실패할 수 있다는 가능성을 알아채야 한다. 용서를 구하는 자의 가느다란 희망은 상호 인간적인 면이 자칫 떼어놓기 쉬운 어떠한 행위보다 강하다는 점에 기인한다. 자유는 실패의 위험 없이는 가질 수 없는 부(富, '재산', '선물')이다. 왜냐하면 용서를 구하는 누군가는 용서가 되지 않을 수도 있다는 것을 잘 알기 때문이다. 용서를 받지 못한 사람, 또한 용서받을 수 없는 사람이 나타날 수 있다는 것과 이에 대해 잘 알고 있는 지식은 용서를 구하는 구체적인 청원에 내재되어 있다. 덧붙여 말하면, 사람들이 용서하는 것을 아무리 논리적으로 생각하고, 용서하는 것을 아무리 그렇게 결정할 수 있다고 하더라도, 용서가 의지에 국한되는 것은 아니다. 뭔가가 남아 있다. 사람들은 논리나 결정에만 의존할 수 없으며, 인간 상호 간의 무엇인가가 더 작용을 한다. 용서는 이성의 지배를 적대시한다. 이런 점에서 볼 때 계몽주의가 한창인 시절에도 기독교에 전권이 위임되었던 것은 전혀 놀라운 일이 아니다.

1961 ― 결속

　아렌트는 1950년에서 1958년 사이에 전통적인 관념을 '탈학습'하는 데 전념하였다. 이 과정에서 그녀는 '용서하는 것'을 '신의 은총'이나 '이웃에 대한 사랑'에 연결하는 것이 '장애'(들뢰즈의 의미에서)가 된다는 것을 경험하였다. 시대의 소용돌이가 그녀를 혼란스럽게 하였으나, 이로 인해 기존의 개념에 대해 다시 생각해봐야 할 과제가 부여되었다. 이때 아렌트는 한 개념이 가지고 있는 기존의 틀을 깨뜨리고 새롭게 재해석하는 데 필요한 본질적인 대화는 문학에 내재된 폭발적인 힘을 만났을 때 추동력을 갖는다고 인지하였다. 아렌트는 자신이 직접 번역한 독일어판『인간의 조건』의 한 핵심 부분에서 용서에 대한 생각을 다시 한번 발전시켰다. 영어판에서는 죄를 지은 사람을 위하여 죄가 용서된다고 썼는데, 독일어판에서는 그와 달리 인간다움을 위해 죄는 용서된다고 하였다. 죄의 행위 자체는 용서의 과정에서 거의 주목을 받지 못하지만 잊히는 것은 아니다. 그러나 용서가 이루어진 경우에는 양 당사자 간에 그 부당한 행위가 더 이상 문제되지 않는다.

『인간의 조건』 영어판과 독일어판에는 서로 다른 강조점이 뚜렷하게 나타나 있는데, 이것은 무엇보다 영국 작가이자 친구인 오든과의 대화가 큰 영향을 끼쳤을 것이다. 그들의 대화 내용에 대해선 알려진 바가 없지만, 얼마 되지 않는 문서나 참조 등으로 증거를 삼을 수 있다. 오든은 아렌트가 『인간의 조건』에서 새로 정의한 용서에 대해 우선 한 서평에서,[47] 그리고 셰익스피어에 관한 한 에세이에서[48] 응답한다. 이것을 읽은 후에 아렌트는 오든에게 "막 당신의 원고 가운데 팔스타프 Falstaff(셰익스피어의 작품 「헨리 4세」와 「헨리 5세」에 등장하는 인물 – 옮긴이) 한 부분을 읽어보았다."고 썼다. 언급된 셰익스피어 에세이에서 오든은 이웃에 대한 사랑이 가지는 힘과 구속력, 또한 타인에게 선한 일을 해야 하는 인간 상호 간의 의무에 대해 다시 한번 확고하게 전개하였다. 이러한 미덕이 없다면 용서라고 하는 어떠한 이념에도 종속관계가 지배하게 되지만, 그와는 달리 이웃에 대한 사랑에서 비롯된 용서는 어느 누구도 다른 사람에 대한 종속관계에 놓이지 않아도 된다는 것이다. 오히려 모든 사람은 타인의 관대함으로 살아간다고 말할 수 있을 것이다. 오든은 아렌트가 생각하는 용서가 범죄자를 용서하는 사람의 직권에 넘겨진다는 점에 이의를 제기하였다. 용서를 구하는 사람에 대해 군림하는 그러한 권력은 범죄자라고 하더라도 그를 굴종시키거나 그의 마음을 상하게 할 수 있는 위험이 도사리고 있다고 보았다. 이것이 오든이 반대하는 근본적인 이유이다. 그 밖에 오든은 용서를 조건부로 이해한 아렌트의 의도를 거부하였다. 용서는 서로를 사랑하라는 계명을 따르는 것으로서, 이 계명은 '제한적이지 않으며' 따라서 무조건적이라는 것이 오든의 생각이었다. 이와는 반대로 아렌트는 1960년 2월 14일 오든에게 쓴 편지에서 다음과 같이 답변하였다.

> 당신은 '이웃에 대한 사랑'을 마치 사랑인 것처럼 이야기하는군요. 실제 사랑은 모든 것을 용서하지요. 사랑하는 사람에 대한 온전한 헌신 때문이에요. 하지만 용서를 구하지도 않았는데 용서를 하는 사랑 역시 불의를 행한 사람에 대해 직권을 행사하는 것입니다. 구하지 않은 용서가

실제 뻔뻔스런 것이 아니고 적어도 주제넘은 것이
아니라면, 마치 누군가가 '네가 아무리 노력을
한다고 해도, 너는 나에게 불의를 저지를 수
없어. 이웃에 대한 사랑이 나를 불굴의 사람으로
만들었기 때문이지.'라고 말하는 것과 같아요….
무엇이 정말 어려운 것인지 저는 모르겠어요.
외투를 요구하는 것이 어려운지 아니면 외투에다
겉옷까지 넘겨주는 것이 어려운지. 그러나 분명한
것은 용서를 하는 것보다 용서를 구하는 것이 더
어렵다는 것입니다. 이 사안의 이런 측면은, 즉
전 과정의 상호의존성이 '선을 행하는 것'의 모든
측면을 고려할 때 서로 관련이 없어 보이지만,
용서를 위해서는 필수불가결하다는 것입니다.[49]

아렌트는 같은 편지에서 자신의 심경의 변화에
대해 아래와 같이 표현하였다.

제가 죄를 범한 사람을 위하여 그 행한 바를
용서한다고 말했던 것은 틀린 것입니다. 누군가
저를 배반한 사람을 제가 용서할 수는 있지만

그렇다고 해서 결코 그 배반을 잠자코 참을
수는 없을 것입니다. 결국 아무것도 용서하지
않으면서 누군가를 사면하는 셈이지요… 이웃에
대한 사랑은 그와 달리 무조건적으로 한 인간이
저지른 배반을 용서하는 것입니다. 모든 인간은
죄인이라는 토대에 근거하여 생겨난 죄인과의
연대로부터 가능한 것이고요.

아렌트는 상호 인간적인 형제애가 겸손과 자만
의 혼합을 함께 지닌다는 점을 들어 비판하였다. 아렌
트는 겸손이 우리 모두가 죄인이라는 사실을 고집하
는 것이며, 자만은 결국 다른 사람에 대한 판단은 줄
이지 않고 지속시키며, 흔들리지 않고 침묵을 고수한
다고 여겼다.

『인간의 조건』에서 말하는 용서의 정치적 차원은
순전히 개인적 차원과는 달리 존중, 즉 '정치적 우호관
계'에 기초하였다. 용서는 공로나 장점이나 능력이나
결함을 묻지 않으며, 어떠한 판결이나 그 판결에 대한
상고에도 기인하지 않는다. 용서는 어떤 이익도 취하
지 않으며, 단순히 사람들이 서로 무엇인가 새로 시작

할 수 있는 인간적인 능력, 즉 인간에게 들어 있는 인간적인 것 앞에서 존중을 얻으려 한다는 데에 정당한 근거를 가진다. 이러한 존중은 '죄인과의 연대'라는 기독교적 토대를 깨뜨리고 나온 것이다.

1961년 아렌트는 용서라는 개념과 관련된 공적인 논쟁을 끝낸다. 용서는 죄악을 잊지 않되, 저지른 죄악으로부터 미래에 끼치는 그 영향력을 없애는 일종의 정치적 결속이다. 모든 행위의 결과가 그렇듯이 용서의 결과도 어떻게 될지 예단할 수 없다. 영어판보다 독일어판에서 '이 세계는 우리가 서로 공유하는 세계다'라고 하는 생각이 단어의 선택에 이르기까지 더 철저하게 스며 있다. "우리가 함께 살아가는 동시대인이 없다면, 우리는 우리의 어떤 과실이나 어떤 위반도 용서할 수 없을 것입니다. 왜냐하면 우리들을 포함하여 행해진 불의보다 더 중요한 것은 사람인데, 용서가 이루어지지 않는다면 그 사람이 부족하게 될 것입니다."[50] 그렇게 용서에 관한 논문이 끝났지만, 아무것도 끝난 것이 아니었다. 해결책이 주어지는 대신에 질문만 남겨졌다. 처벌받기 어렵고 용서받기도 어려운 행위들에 대해 정치적으로 어떤 결과가 일어나는가라는 문제 외에 또 다른 문제가 남아 있다. 이미 행해진 범행이 없어지지 않는다면 그 범행은 어디로 가는가. 그 범행이 인간들이 서로 살아가는 이 세상에서 용서와 함께 사라지게 된다면? 그것은 정말 미래에 영향을 끼치지 않게 될까? 그렇다면 이것은 기적에 필적하는 것이 아닐까?

베노 폰 비제

1953년 10월 17일, 대학시절의 친구이자 독문학자인 베노 폰 비제Benno von Wiese가 한나 아렌트에게 편지를 썼다. "후고 프리드리히Hugo Friedrich를 통해 당신이 나에 대해 더 이상 알고 싶어 하지 않는다는 것을 알지만, 나는 그동안 리처드 엘러윈Richard Alewyn이 온전히 해낸 것처럼 당신도 나와 다시 화해해야 한다고 생각하기 때문에 당신에게 글을 씁니다. … 당신은 정말 우리 사이에서 모든 가능한 의사소통을 영원히 끊어버릴 셈인가요?" 추신으로 덧붙이기를, "하이데거가 당신과 다시 만나는 것이 나보다 더 자격이 있다고 생각하나요?" 한나 아렌트는 지금까지 보존되지는 않았지만 그에게 보낸 편지에서 분명 언짢지 않게 답장을 한 것 같다. 왜냐하면 베노 폰 비제의 다음 편지가 이렇게 시작하기 때문이다. "어제 당신의 편지를 받고 저는 무척 기뻤습니다." 그 답장으로 인해 "지난 수년간 그리고 수십 년간 우리 사이에 쌓인 내적, 외적 불화"를 없애는 데 성공한 것이기 때문이었다. 외견상으로는 화해가 이루어졌다.

베노 폰 비제는 대학시절 연인 사이였던 유대인 한나 아렌트를 상대로 지금은 깊은 '불화'에 대해 얘기하고 있다. 그가 말하는 '불화'는 나치정권하에서의 그의 경력을 뜻한다. 폰 비제는 1933년부터 국가사회주의독일노동당NSDAP의 당원이었으며, 1936년에 조교수가 되었고, 전쟁 중에는 '꼭 필요한' 사람으로 선별되어 군복무도 면제받았다. 2차 세계대전 이후 '비나치화' 이후에도 그는 자신의 경력을 지속할 수 있었다. 1953년부터 그는 다시 한나 아렌트와 교류하기 시작했지만, 1964년 두 사람의 사이는 다시 벌어졌다. 폰 비제가 재직하고 있던 본Bonn 대학교와 독문학자협

회가 나치와 협력하는 데 열심이었다는 비난에 시달리고 있을 때였다. 베노 폰 비제는 『디 차이트Die Zeit』에 기고한 에세이 「청산되지 않은 과거에 대한 비평」[51]에서 나치정권에 연루된 자신의 과거에 대해 언급하였다. "어느 누구도 자신이 한때 잘못 생각했다거나 잘못한 일에 대해 기꺼이 시인하고 싶지 않을 것이다… 과거를 회상한다는 것이 꼭 몇십 년 동안 공공의 영역에서 일을 한 전 세대를 이제 공개적으로 비난하고 낙인찍는 것을 뜻하는 것은 아닐 것이다." 이런 말을 할 자격이 과연 그에게 있을까. 그의 텍스트에는 "그 당시 우리는 시대정신에 굴복하였다." 혹은 "시대정신이 분명하게 반시대정신으로 드러나는 데에는 시간이 꽤 걸렸다."라고 하는 상투적인 표현들이 이어졌고, 이러한 표현들은 한나 아렌트를 아연실색하게 만들었다. 아렌트는 1964년 12월 25일, 베노 폰 비제가 시대정신에 굴복한 것이 아니라, 그의 '공적인 경력'이 날아가 버릴지 모른다는 두려움에 다른 많은 사람들보다 훨씬 빨리 굴복한 것이라고 그에게 썼다.

아렌트는 베노 폰 비제가 1933년에 이미 "대학에서 '이방인 피의 제거'"를 요구했다고 비난하였다.

그녀는 "당신은 그 당시 누가 이방인 피를 가진 사람이었는지 알고 있나요?"라고 물으며, 스스로 간략한 답변을 하였다. "나입니다. 당신이 몇 달 전까지만 하더라도 당신의 가까운 친구로 생각했던 바로 그 사람 말입니다."[52]

아렌트와 폰 비제가 1953년 이후 몇 번 다시 만났고, 동기야 어찌 됐던 그는 독문학 편람의 편찬을 위해 카프카와 브레히트 전문가로서의 아렌트를 끌어들이려 여러 차례 시도했으나 성공하지 못했다.『디 차이트』에 실린 폰 비제의 에세이와 그 후 이어진 서신교환에 따르면, 그의 과거 행적으로 인해 벌어진 두 사람 사이의 대립은 결국 극복되지 못했다. 그러나 아렌트가 보기에 그것은 결코 단순히 개인적인 불화가 아니라 정치적인 차원의 차이였다.

당신이 히틀러의 형상을 한 시대정신에 굴복했다는 것은 사실이 아닙니다. 진실은 당신이 큰 공포를 불러일으키는 이 시대정신에 대한 두려움에 굴복했다는 것입니다. 이것은 전혀 다른 두 개의 사안입니다. 당신은 어리석게도 자신의 두려움을 인정하려고 하지 않았기 때문에, 그래서 설상가상으로 스스로 시대정신에도 굴복했던 것입니다. 두려움이 너무 정당화되어 두려움을 나쁘게 받아들이는 것 자체가 바보 같은 짓일지 모른다는 것이 첫 번째입니다. 두 번째 사안은 이와 좀 다릅니다. 나는 당신에 대해 저주의 심판을 할 생각이 전혀 없습니다. 나는 단지 당신과 함께 과거에 대해 이성적으로 생각해보고 싶을 뿐이며, 당신이 과거에 신념이 아니라 두려움 때문에 그런 행동을 했다고 다른 누구도 아닌 당신 스스로에게 자백했더라면 당신에게도 인간적으로 훨씬 좋지 않았을까 하는 생각이 듭니다. 그랬더라면 신념이 전혀 먼저 오지 않았을 것이고 당신도 앞으로 어떻게 해야 할지 그리고 무엇을 말할 필요가 있는지 혹은 무엇을 출판해야 되는지를 분명하게 알았을 것입니다. 당신은 스스로의 판단을 밖으로 드러내지 않아도 되었을 것입니다. 현재와 관련하여 말하자면, 젊은 청년들에게 '우리가 현혹되었다'라고 암묵적으로 고백한 후 당신들의 헛소리를 역사적으로 정당화하여 무마시키려 하는 것보다는 '우리가 두려웠다'라고 말하는 것이 훨씬 분별력이 있어 보입니다. 분명한 점은 젊은 세대도 글을 읽을 줄 안다는 사실입니다. 당신들이 그 당시 썼던 글들이 오늘에서야 무척 우스꽝스럽게 보인다고 여기는 것은 아니겠지요. ("너의 집에서 새어 나오는 이야기 소리를 들으며 사람들은 웃는다. / 그러나 너를 쳐다본 누군가는 칼을 집어 든다." 이 글은 브레히트가 1930년대에 썼습니다.) 이것이 바보 같은 행위에 관한 허튼소리라는 것을 예나 지금이나 누구라도 알 수 있습니다. 여기에 어떤 '역사적 의미'라는 것이 필요하지는 않지요. 하지만 당신을 그 바보 같은 짓으로 몰고 간 그 두려움이야말로 훨씬 더 이해하기 어렵습니다. 만약 당신이 '우리는 시대정신에 굴복했다'라고 쓸 때, 사람들이 바로 그 시대정신의 구현자가 나폴레옹이 아니라 결혼 사기꾼같이 생긴 히틀러라는 사실을 잊었다면 그것은 그런대로 괜찮게 들릴지도 모릅니다. 당신이 그 점을 잊을까 봐 나는 걱정이 됩니다. 아무튼 내가 당신의 입장이라면 당신이

자발적으로 그리고 다른 어떤 동기 없이 이 바보
같은 짓에 동승한 것이라고 하느니 천 번, 만
번이라도 내가 두려웠노라고 고백했을 것입니다.
내가 당신을 단죄하려고 하지 않았다는 것은
천하가 다 아는 일입니다. 우리가 뉴욕에서
화해했을 때, 나는 모든 것을 알았고 진지하게
생각했습니다.

이제 결론을 내려봅시다. 나는 화가 났습니다.
그리고 예나 지금이나 당신이 이 문제에 대해 결코
명확하게 깨닫지 못했다는 것이 나의 의견입니다.
만일 당신이 정녕 명확하게 알지 못한다면
입을 다물고 있는 편이 낫습니다. 이런 태도를
가진 사람이 당신 혼자만이 아니라는 사실은
결코 변명이 될 수 없습니다. 하지만 이것은
왜 독일에서 세대 간의 '반목'이 이렇게 크게
벌어졌는지에 대한 설명이 될 수 있을 것입니다.
나에게는 당신과 같은 사람들이 이중의 실패자로
보입니다. 히틀러 치하에서뿐만 아니라, 무엇보다
그 이후에 또 한 번 말입니다.[53]

우리의 행위는 남는다. 이것은 잊히지 않을 테지만 더 이상 우리 사이에 장애가 되어서는 안 될 것이다.

탈학습, 배운 것을 새롭게 재해석할 의무

이미 약술한 '탈학습'의 끝에서 사람들은 어떤 사상도 시와 마찬가지로 결코 종결될 수 없으며, 지속해서 살아남아 그 영향이 지속되도록 하기 위해 단지 우리에게 "문제를 낸 것"(호르헤 루이스 보르헤스Jorge Luis Borges)뿐이라는 걸 터득한다. 그런 식으로 아렌트도 용서의 토대를 새롭게 정립하려 하였다. 독일의 전쟁포로수용소에서 야스퍼스를 읽고 후설을 번역하기도 했던, 한나 아렌트보다 일곱 살 어린 프랑스 철학자 폴 리쾨르Paul Ricoeur는 1970년대 초 뉴욕의 뉴 스쿨에서 아렌트를 만난 후, 많은 철학자들이 그랬던 것처럼 아렌트가 탄생시킨 소신을 받아들여 자신의 철학적 노선에서 지속적으로 발전시켰다. 발터 벤야민과 마찬가지로 리쾨르도 역사가의 임무란 매몰된 행위의 가능성들을 다시 활성화시키고 지켜지지 않은 과거의 약속을 역사의 폐허로부터 해방시킬 수 있어야 한다고 보았다. 프랑스 철학자 리쾨르는 아렌트의 사상을 계승하면서 자신의 에세이 「역사의 수수께끼」에서 과거에 대한 성찰과 관련된 두 가지 위험에 대해 기술하였다. 하나는 도피하면서 잊어버리는 것이며, 또 다른하나는 끊임없이 추격하는 것이다. 그럼에도 불구하고 리쾨르는 '어려운 용서'라고 부르는 경우, 즉 중대한 죄과를 용서하는 경우에는 용서가 잊어버리는 것과 일맥상통한다고 하였다. 사실상 지워지지 않는 '사실을 잊어버리는 것'이 아니라, 현재와 미래를 위해 그 의미를 잊는 것을 말한다.

여기서 기술된 탈학습이라는 어려운 작업에서 아렌트는 스스로 용서라는 개념에 대한 자신의 '의견들'을 구축하였다. 말하자면, 그녀는 이미 많은 다른 경우처럼 사유를 방해하는 저 검증되지 않은 선입견들을 "잊어버렸다."[54]

연극

무대로서의
세상,
공간으로서의
텍스트

anfangen 시작하다

left 왼쪽의, 좌측의

write 쓰다

right 오른쪽의, 옳다

rong 영어의 'wrong 틀린,
잘못된'을 잘못 표기함

valsch 독일어의 'falsch 틀린,
잘못된'을 잘못 표기함

Zeit 시간

Raum 공간, 방

Zeitraum 시간, 시기, 간격

Lebensraum 생활 범위, 환경,
생활권, 삶의 공간, (동유럽에 대한
독일의 확장정책)

living room 거실

Bretter (복수형) 널빤지, 마루
판자, 판

Bretter, die die Welt bedeuten
'세상을 의미하는 무대'(독일의
시인 Friedrich Schiller의 시 *An
die Freunde* 중에서) 극장에서의
무대를 의미함('ein Brett vor dem
Kopf haben'은 널빤지가 머리
앞을 가렸다는 표현으로, 어떠한
사람이 매우 멍청하거나 멍청하게
행동하는 것을 뜻함-옮긴이)

Erde 지구

Hoffnung 희망

Wunsch 소원

Wirklichkeit 현실

Poe(sie) 시문학

sie 그녀

ein Band (한) 권, 책, 리본, 끈,
인연

Einband 제본, 표지

Werke 작품들

number 숫자

No. 'number'의 약자

La(dies) 여성들, 숙녀들

dies 이것

das 저것 (독일어의 관사 중,
중성을 나타내는 'das' 관사이기도
함)

Mensch 사람, 인간, (구어체적
표현으로) '야, 이 인간아!'와 같은
표현임

ärgere dich nicht! 노여워
하지 마, 화내지 마!('Mensch
ärgere dich nicht!' 라는 유명한
보드게임이 있음-옮긴이)

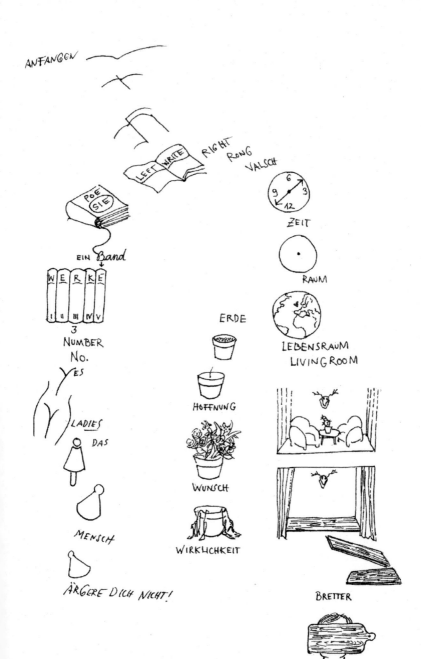

연극

무대로서의 세상, 공간으로서의 텍스트

인용은 곧 만남이다.

훌리오 코르타사르Julio Cortázar

영국의 시인 오든은 아렌트의 『인간의 조건』을 읽고 난 직후 집필한 그의 에세이 「무너진 도시The Fallen City」에서 한나 아렌트가 시도한 '용서'에 대한 새로운 구상에 대해 암묵적으로 반대입장을 표명했다. 오든은 행동할 때와 마찬가지로 용서를 하는 것도 그에 따른 결과를 예측할 수 없기 때문에 용서를 하는 것이 액션이지 리액션이 아니라는 아렌트의 생각에는 매료되었다. 하지만 용서하는 행위가 '용서를 구하는 것'을 전제한다는 아렌트의 생각이 그에게는 말 그대로 너무 극적으로dramatisch 보였다. 무대 위에서 연기하는 어떤 사람이 "용서를 구하지도 않는 범죄자를 용서하는 연기를 하는 것은 불가능하다. 왜냐하면 침묵과 단념은 그야말로 연극에 맞지 않기 때문이다."[1] 무대 위에서는 말로 표현되지 않은 사면일 경우엔 분명한 제스처를 요구한다. 드라마『자에는 자Measure for Measure』의 결말에 돈 빈센티오와 같은 선한 군주가 악한 무법자인 안젤로에게 자유를 허락한다면 사람들은 두 가지를 알고 싶어 할 것이다. 안젤로의 생각이 변했는지를 추론해낼 수 있는 제스처와 돈 빈센티오와 같은 선한 군주가 단지 자신의 딸 때문에 악인을 사면하는지 혹은 실제로 그의 내면에서 안젤로를 용서하는지 알 수 있도록 하는 제스처이다.

무대 위에서는 극적 딜레마가 지배한다. 용서를 구하는 것과 용서를 결정하는 것. 이 두 가지가 말로 표현되지 않을 경우, 제스처나 다른 극적 방식을 통해 표출하거나 혹은 명백하게 결론을 열어두어야 한다. 오든의 변론에 따르면, 실제 삶에서는 이웃사랑에 대한 합의가 전제되어 있기 때문에 굳이 말이 필요 없다. 이것은 어떤 종류의 선언문도 필요로 하지 않는다. 그것은 현재에도 작동하고 있고, 과거에도 항상 그러했다.

오든은 부가적으로 덧붙인 이 구절에서 아렌트

가 세상을 '무대'라는 메타포로 알아보기 쉽게 표현한 것과 같이 그녀의 정치이론에서 차지하는 극적 차원에 대해 언급했다. "사람은 행동하고 말하면서 각각 어떤 사람인지 드러내고, 개인의 본질에 속하는 고유한 특성을 적극적으로 보여주며, 동시에 세상이라는 무대 위로 오른다."라고 『인간의 조건Vita activa』에 쓰여 있다.[2] 그리고 다른 곳에는 "그리스인들식으로 이야기하자면, 정치적 영역이란 무대와 같다. 그런데 어떤 의미에선 무대에 오르는 것만 있지 내려오는 것은 없는 영속적인 무대이다."[3]라고 쓰여 있다. 인간은 그런 무대에 개입하고 조정한다. 배우가 무대, 동료, 관객을 필요로 하는 것과 같이 모든 인간은—『사유하기 Das Denken』에 쓰여 있듯이—자신의 등장을 위해 신뢰할 수 있는 장소와 자신의 존재를 인식하고 인정하는 다른 사람들을 필요로 한다.

이렇듯 반복되는 연극적 메타포의 사용(무대, 배우, 관객)은 다음의 질문과 관련된다. 즉 무엇 때문에 우리가 도대체 모든 비인간적인 것들 한가운데에—자연의 흐름 속에, 역사의 추이 속에—스스로 생겨나서 우리 없이 지속되고 우리와 무관하게 그리고 선과 악의 저편에 있는 모든 것의 한가운데인 여기에 있는가.[4] 무언가 인간적인 것을 벗어나는 것이 있다. 그러나 우리는 "기이하게 우리와 관련된 이곳에 속한 모든 것이 우리를 필요로 하는"(릴케) 세상에 살고 있다. 이것은 아렌트가 '무대로서의 세상이라는 이미지', 곧 '출현하는 것' 혹은 '등장'으로서의 삶이라는 이미지를 사용하여 바로 현대인들이 직면한 '무반향Echolosigkeit'에 대한 릴케의 탄식에 하나의 해법을 발견한 것처럼 보이는 방식이며 아렌트는 이에 대해 초기 텍스트 가운데 한 곳(1930)에서 다루었다.[5]

발화된 모든 단어가 침묵의 흐름을 중단시키는 것이자 어떤 논지를 펼치는 시도인 것처럼, 또한 아렌트의 이론에서 행위야말로 순간으로부터 그것이 품고 있는 불꽃을 튀게 하는 것과 같이, 모든 인간은 세상을 뜻하는 무대 위로 오를 수 있는 한, 인간과는 무관하게 끝없는 미래가 펼쳐질 자연과 역사의 자체순환을 중단시킬 수 있는 능력을 갖고 있다. 인간이 어느 정도까지 인간사에 개입하고 사건의 경과나 세상사의 흐름을 중단시켜 모든 미래의 예측 가능한 바를 일시적으로 정지시킬 수 있는가 하는 정도는 개인에 따라 다르다.

　마르틴 하이데거와 달리 한나 아렌트는 인간이 무엇보다 한 번 태어나기 때문에 '세상 속으로'가 아니라 **지구** 위로 내던져진 것이라고 강조한 적이 있다. 나중에서야 인간은 세상에 등장하여 말하고 행동하면서 자신을 드러내고 세상을 지구상의 고향으로 만들어간다는 것이다.[6] 세상에 존재하는 것In-der-Welt-Sein을 통해 인간은 단지 자기 스스로 존재하는 것Nur-er-Selbst-Sein으로부터 — 이것도 하이데거와 차별된 생각이다 — 해방시킨다. 아렌트가 현존해야 하는 것Da-sein-müssen과 현존할 수 있는 것Da-sein-können 사이의 — 실제Faktizität와 실존Existenzialität 사이의 — 실존주의적 구분을 아무리 명확하게 나누려 했더라도 여기서 중요한 것은 세상이라는 개념의 구축이다. 그리고 이것은 하이데거가 말한 "공론장의 빛이 모든 것을 어둡게 한다."거나 릴케가 "내면 외에는 어디에도 세상은 없다."라고 한 것과도 구별된다.

　인간은 '언어의 집'[7] 속에서 살며, 따라서 『휴머니즘 편지』에서 쓰고 있듯이 언어가 존재의 집이라고 한 하이데거를 포착하여, 아렌트는 말을 한다는 것이

'사이'를 만들어내는 특별한 능력이라고 강조한다. 세상은 인간들 사이에 생기므로 전적으로 인간의 바깥에 있다. 정치는 많은 사람들이 상호이해를 통해 세상을 실현하기 위해 되풀이하는 새로운 시도이다. 그리고 아렌트의 관점에서 볼 때 사유의 행위란 세상 전체로부터 등을 돌리는 것이 아니라 감각적으로 지각할 수 있는 세상의 현실로부터 퇴각하여 약간의 거리를 두는 것이다.[8]

그러나 아렌트는 무대로서의 세상이라고 하는 메타포를 사용하여 어떤 본보기, 즉 공연되어야 하는 어떤 드라마 작품과 이 작품을 미리 짜인 계획에 따라 대사를 외우고 연기를 하는 배우들을 가정하지 않는다. '삶의 비극과 희극'이라고 세상을 이해한 플라톤과는 달리 아렌트에게 인간은 '신적 기원을 가진 꼭두각시'가 아니다. 인간은 '인간을 옭아매고 서로 적대적으로 대항하는 행위를 독촉하는 철사와 실의 뒤엉킴'[9] 속에서, 따라서 항상 신적인 관계에 얽매여 (상대적으로) 자유를 가능하게 하는 뒤엉킴 속에서 움직이는 것이 아니다. 여기에서 말하고자 하는 것은 셰익스피어의 작품 『뜻대로 하세요As You Like It』에 나오는 것처럼, '모든 세상'이 무대이며 모든 여자와 남자가 '단지 배우'라고 여기는 것도 아니다. 셰익스피어는 인간이 도피처로 삼는 신의 섭리에 따른 이성을 믿지 않았고, 그에게는 자신의 드라마 기법인 '연극 속의 연극'이 보여주듯이 오히려 통일적인 세계상의 해체가 중요하였다. 셰익스피어는 드라마의 허구가 전체 세계를 포착할 수 없다는 점을 인식시켰고, 그렇게 하여 세상이 연극에서 문제가 되는 어떤 사건보다 더 크다는 것을 그 당시에 이미 알려줬다.

새로운 것을 말하기

아렌트가 '무대로서의 세상'이라는 이미지를 그녀의 이론에서 재활성화시킨 것을 두고 그리스인들의 세계관을 세속적으로 계승하거나 번역한 것으로 간주할 수 없으며, 셰익스피어의 '연극 속의 연극' 기법을 잇는 것으로도 볼 수 없다. 오히려 사상가 아렌트는 전통의 붕괴 이후에 전승된 사유이미지를 파편으로 구제해서 이 이미지가 오늘날 우리들에게 완전히 다른 것을 그리고 새로운 것을 말해줘야 한다는 사실을 확신하며, '탈학습'을 시도하였다.

현대인은 자신에게 주어진 일을 함에 있어서 어떤 신의 뜻에 의해서가 아니라 스스로 전권을 가지고 행하는 것임을 알고 있고, 어떤 전통의 후광에 기대고 서 있기를 더 이상 원하지 않기 때문에 스스로 전권을 가져야 하며, "자기 자신으로부터 자발적으로 발생하는 메시지"(슬로터다이크)를 힘써 계발해야 한다. 철사와 실로 뒤엉킨 새로운 형태의 혼란 속에 빠져들어선 안 되며, 어떤 새로운 신들을 가져서도 안 되고, 고정된 세계관을 따르거나 이른바 논리성이나 불가피성을 뜻하는 그 밖의 '난간'에 기대서도 안 된다. 현대인은 어떤 미래의 마력에 빠져들지 말고 자신의 개인적 특성을 드러내도록 해야 한다.—이것은 아렌트에게 '등장하다' 혹은 '실제로 현존했음'을 뜻하는 것으로서 자기 전권을 말한다. 현존이 아니라 '실제로 현존했음'에 의해 비로소 우리는 시간의 선형적 흐름을 중단시키고 현존으로부터 순간의 불꽃을 튀게 한다.[10] 아렌트는 신성을 박탈하고 반목적적 메시지를 전한다. 인간은 자신의 '출석'[11]을 통해, 즉 현재를 실현함으로써 '역사의 연속'(벤야민)을 폭파시킬 수 있다.

그리스의 폴리스가 무대가 되는 것은 우연이 아니다. 이는 공간적으로 도시의 성곽에 둘러싸여 보호되는 곳이자, 법철학을 통해 아렌트가 근본적으로 주시하는 신뢰성을 보장하는 장소이다. 모든 사람은 번갈아가며 관객이 되거나 배우가 될 수 있다. '관객'이 있기 때문에 죽을 운명의 사람들이 '출연'하는 것을 이 세상의 현실에서 사라지지 않도록 한다.[12] 폴리스의 착상에서와 마찬가지로 아렌트는 1960년대 학생운동에서도 '행동하는 즐거움'과 '자신의 힘으로 사태를 변화시킬 수 있다는 확신'[13]을 존중했다. 그러나 아렌트는 결코 레닌의 '요리사'를 염두에 둔 것은 아니다. 그리고 정치가 결코 자기표현이라든가 심지어 자기연출이라고는 생각하지 않았다. 아렌트는 무대라는 이미지를 사용하여 이 세상에 '인간이 등장할 수 있다'는 것이 의식적인 '일 막'이라는 것에 대한 의식을 강화시키려 했다. 그녀가 카프카 글에서도 썼듯이, 출연한다는 것은 바로 기적이다. 왜냐하면 "자체에서 결정된 법칙의 불가피성에 맹목적으로 스스로를 내맡기는 사회는 항상 몰락할 수 있기 때문이며", 기적, 말하자면 구제는 세상을 변화시키고 세상의 '자연적인 추이'를 변화시키는 인간의 능력에 놓여 있기 때문이라는 것이다.

"인용은 곧 만남이다"

현재의 일이 아니거나 생존한 사람이 아니더라도 무대 위로 등장시킬 수 있는 것은 연극이 가지는 교묘한 기술이다. 어떤 연극무대에서는 낯선 것이나 먼 곳의 일들도 우리의 인지공간으로 들어와 극적인 순간에 새로운 불꽃이 튀게 한다. 이런 식으로 셰익스피어의 인물들이나 요정들, 햄릿의 죽은 아버지 자신도 등장한다. 모든 것이 가능하다. 그러나 그렇게 하기 위해서는 공간이 필요하고, 언어, 줄거리, 제스처, 표현―물론 생략된 가운데 말로 표현되지 않은 것, 행동으로 보여지지 않은 것들의 표현―이 실제로 삼면의 벽 안에서 이루어져야 한다.

사유하는 것과 글을 쓰는 것도 연극과 마찬가지로 인용, 메타포, 리듬, 비유법을 통해 먼 곳에 대한 지식이나 과거에 대한 지식—때로는 위협을 받는, 즉 망각의 위협을 받는 지식—을 오늘에 대한 염려 안으로 끌고 들어와 새롭게 등장시켜야 한다. 그런데 다른 사람이 쓴 글의 인용구나 단상들이 작가 자신의 목소리와 생각의 흐름을 중단시키면서, 작가 혼자 조용한 방 안에서 쓴 텍스트 안으로 이주하여, 새로운 생각의 봇물이 터져나오게 한다. 본래의 맥락으로부터 떨어져 나온 단상들로서 후세에 인용문으로 전해지는 낯선 경험의 파편들은,[14] 여전히 그 이면에 놓여 있는 숨겨진 전체에 대해 이야기한다. 이 전체는 포기될 수 없으나 동시에 틈새를 파고든 타자에 의해 통일체의 이상, 즉 닫힌 형식의 이상을 분명하게 거부한다. 아렌트는 그녀가 '망명 중'이라는 것을 프란츠 로젠츠바이크와 함께 글로 표현하기 위해선 자신의 텍스트에 이러한 지식을 언급하지 않을 수 없다는 사실을 잘 알고 있었다. 그녀는 '낯섦'에 대한 경험을 단념할 수 없었기에 세상의 액면만을 받아들일 수 없었다.[15]

아렌트는 1967년 발터 벤야민에 관한 인물 에세이에서 벤야민의 열정적인 책 수집을『아케이드 프로젝트Passenwerk』에서 절정을 이룬 그의 인용구 수집과 연관시켜 소개한 바 있다.[16] 아렌트는 수집한다는 것이 본래 어린아이들의 열정이며, 쓸모없는 것을 (더 많이) 필요로 하는 사람들의 탐닉으로서, 수집가의 책이란 "유용한 노역에서 자유로워지는 것"이라고 했다. 이것이 인용구의 지위이기도 하다. 그녀의 견해에 따르면 벤야민의 인용구가 어떤 것을 입증하는 것은 아니다. 어떤 분석이나 어떤 세계상을 (더 이상) 증명하지 않으며, 어떤 논리를 뒷받침하는 것도 아니다. 따라서 인용구는 작가에 의해 텍스트의 공간으로 데려온 목소리들로서 이것들은 책을 읽는 '여기와 오늘'과 마찬가지로 글을 쓰는 '여기와 오늘'에서 항상 새롭게 만날 수 있고, 텍스트 공간 안에서 몇 번이고 서로를 다양하게 그리고 새롭게 조명한다. 빈곤하고 붕괴될 위험에 놓인 오늘날 '사유한다는 것'은 과거의 '사유의 파편들'—즉 작가에 의해 그의 텍스트 공간 안으로 불려와 서로 결합하는 목소리들—을 필요로 한다. 아렌트의 텍스트에서도 인용구가 증거자료로 쓰이는 경우는 희박하며 그것들은 오히려 다층위성, 다성多聲, 다원성을 만들어낸다. 인용구는 전통의 붕괴 이후에도 전승되어온 서사의 원천이 고갈되지 않았다는 사실을 변호한다.

아렌트가 기술한 바와 같이, 발터 벤야민은 몽타주 기법을 사용하여 작가의 목소리가 사라지도록 했고, 텍스트를 하나의 공간으로 간주하도록 심혈을 기울였음에 틀림없다. 벤야민은 그 공간을 낯선 목소리들의 처분에 맡겼는데 그것들은 몽타주 방식을 통해, 즉 그의 조정과 배열을 거쳐 낯선 목소리들 상호 간에 무엇보다 현재를 규명한다. 물론 벤야민과 달리 아렌트는 자신의 텍스트 공간에서 작가로서의 존재를 아주 뚜렷하게 드러낸다. 그녀는 자신의 생각을 생소한 화법에 연루시켜 낯선 목소리를 듣게 하고 그것을 통해 자신의 입장을 굳힌 후 판단을 내린다. "자신 안에 더 많은 개체를 가지면 가질수록 자기 스스로 진리를 찾을 수 있는 전망은 그만큼 더 커진다."[17]라고 니체가 말했다. 다른 사람들에 앞서 아렌트는 문학에 대한 지식을 자신의 텍스트 안으로 끌어들였다.

기념하는 기억—모든 박물관과 예술의 어머니인 므네모지네Mnemosyne—이란 언어적으로 아주 집중한 나머지 생각한 것이 직접적으로 기억에 각인된 어떤 것으로 변하게 한다. 마찬가지로 시문학의 기술적 수단인 리듬이나 각운도 이러한 고도의 집중에서 유래한다. 생생하게 기념하는 회상과 기억이 근본적으로 가까운 탓에 비록 시가 글로 적혀 있지 않더라도 오래 살아남을 수 있다. 그리고 시의 수준이 완전히 다른 성질의 일련의 척도에 의해 결정된다고 하더라도, 바로 그 '깊은 감명'은 대체로 그 시가 궁극적으로 인류의 기억에 뿌리를 내릴 수 있을 것인지, 기억에 남을 수 있을 것인지를 결정한다. 이렇게 하여 예술 가운데서도 정신적 산물인 시는 사유에 가장 친밀하게 맞닿아 있다. 말하자면 시는 세상에서 물질적인 것과 가장 거리가 멀다.[18]

이와 관련하여 영어로 쓰인 『인간의 조건』에서 아렌트는 "시는 사유에 가장 가깝다."고 했으며, 여기에는 "사상가와 시인은 이 집의 파수꾼이다."라는 진술로 끝나는 '언어의 집'에 관한 하이데거의 사상이 다시 묻어난다. 이 두 학문 분야는 물적인, 말하자면 물질적인 부가물 없이, 즉 대상이 없이도, 바로 그 사

물에 깃들어 있는 자기법칙이나 자기규제 없이 살아
남을 수 있다. 생각하는 것과 시를 쓰는 것은 노래와
마찬가지로 종이나 연필이나 캔버스를 필요로 하지
않으며 그 전개 과정은 색상이 마르는 것에 구속되지
않는다.

　발화된 낱말로 이루어진 시는 "작가의 기억으로
부터 혹은 작가의 말에 귀를 기울이는 사람들의 기억
으로부터 마치 방금 막 생겨난 것처럼 솟구친다."[19] 그
리고 텍스트를 형성하는 시의 언어―리듬, 형식, 음
향, 압축, 축약으로 인해 마침내 물질적인 몸인 텍스
트 그 이상이 된다는 사실을 통해―는 회상된 것과
발화된 것을 자체에 지닌 '음향공간'이며, 모든 감각
을 관통해 기억 속에 각인된 목소리들이다. 이때 많은
인용구는 이미 기억 속에 아주 깊이 새겨져 고유한 사
유의 일부가 되고 또 기억되지만, 그것들이 (개별적인
본래의―옮긴이) 인용구로서 회상되거나 식별되는 것
은 아니다.

　여기에 '문학의 빵'이라고 할 수 있는 낯선 메타
포들이 글을 쓰는 사람의 고유한 언어의 지평을 확장
시키고 언어의 고유성에 이질성을 만들어냄으로써 자

신의 확신을 상대화시키거나 도그마를 파괴시키는 힘을 텍스트에 실어준다. 이질적인 이미지들은 낯선 음향이나 리듬과 마찬가지로 텍스트에 '만남의 장소'와 '불확정지대'를 형성하여 아렌트의 텍스트가 독서를 통해 소진되지 않고 여전히 오랜 시간 동안 새로운 내적 전개를 펼칠 수 있는 역량을 갖도록 하는 데 기여한다. 그 안에서 작가는 소문을 통해 알게 된 것을 '자신의 고유한 것에 덧붙인다.' 그렇게 다성多聲으로 이루어진 공동체적인 현재가—미적 경험으로서—생성된다.

공명을 일으키는 이러한 공간은 한나 아렌트가 망명이라는 비운의 사건을 변화시킬 수 있었던 보물이었다. 낯선 이미지들은 다음 구절에 나타난 성경적인 이미지(달변의 말솜씨, 민첩한 행동, 풀꽃 등)에서 알 수 있듯이 어떤 특별한 힘을 가지고 있어, 일상적인 것과의 대립과 긴장을 가능하게 한다.

'말솜씨가 달변이고 행동이 민첩'한 어떤
사람이라고 하더라도 말이나 행동이 이 세상에

어떤 흔적을 남기지 않는다면, 한 줄기 미풍,
바람, 혹은 폭풍처럼 이 세상을 스쳐 지나가
인간의 마음을 뒤흔들어놓은 그 짧은 순간이
사라져버리고 나면 아무것도 남지 않는다. 만일
호모 파베르가 노동의 짐을 덜고 노동시간을
줄이기 위해 고안한 도구들이 없었다면, 인간의
삶이란 수고와 노동 이외에 아무것도 아닐
것이다. 죽을 운명의 사람들에게 할당된 지구상의
기한을 넘겨 견뎌낸 세상의 항구성이 없다면,
인간이란 종족은 풀과 같을 것이며 지구상의
모든 부귀영화는 풀꽃과 같을 것이다. 그런데
호모 파베르로서의 인간이 현재 최고의 수준에
달했고 전적으로 그 발전과정에서 최고의 영예를
누리고 있는 예술작품들을 생산하지 않았더라면,
시인과 작가들이 없다면, 조형예술과 문학이
없다면, 말하고 행동하는 인간이 생산할 수 있는
산물이라고는 역사가 유일할 것이다. 어떤 사람이
역사라고 보고할 수 있을 만큼 역사가 진전될
때까지 인간이 주인공으로 그리고 말하는 자로
등장하는 역사는 결코 스스로 인간의 기억에

각인될 수 없으므로 역사는 인간이 사는 세상의
일부분이 될 뿐이다.[20]

위의 예문은 아렌트의 전형적인 문장 구조를 보여준다. 즉 여러 사실들의 이질적인 차이가 동시에 발생할 때 하나의 문장 구조를 반복(없다면, 없다면…)하면서 세상에 대한 새로운 관점을 전개시키고, 그것을 작가는 독자와 마찬가지로—그녀가 그렇게 하듯이 우리들의 세상을—끊임없이 계속 변주시킬 수 있다. 언제나 새로운 상상의 공간이 열린다. 루터의 번역에서 유래하는 이미지들('풀꽃'…)이 노동세계에서 발생하는 극도로 일상적인 문제들과 함께 호명되면서 세상은 그 다양함과 아름다움으로 찬미되기도 하고, 위기(실업과 노동시간 감축)와 직면하기도 하고, 또한 동일한 호흡으로 세상의 항구성이 찬미되기도 한다. 왜냐하면 우리가 오늘날 이 오래된 글귀를 자세히 살펴보면, 이것이 의미하는 바는 오늘날 우리의 삶도 빈약할 뿐만 아니라 과거에도 그러했다는 사실을 알아차릴 수 있기 때문이다. 이미 베드로가 알고 있었던 것 가운데 일부는 여전히 우리에게 남아 있으므로 우리는 아직 신에 의해 창조된 세상을 다 잃어버린 것은 아니다. 하늘과 땅이 사라지게 되더라도 그 뒤에는 신의 약속이 남게 된다. "모든 육체는 풀과 같고 인간의 모든 영광은 풀꽃과 같다. 풀은 시들고 꽃은 떨어지나 주님의 말씀은 영원하다."[21]

아렌트의 탈학습 방식은 개념뿐만 아니라 인용구들을 이것들이 속한 역사적인 제한으로부터, 마찬가지로 지금까지 전해 내려온 맥락으로부터 분리시킨다. 더 나아가 아렌트는 인용을 통해 자신의 생각과 글쓰기를 논리 정연하게 (선형으로) 진전시켜 어떤 결과에 이르게 해야 한다는ㅡ이미 신용을 잃은ㅡ유혹으로부터 스스로 구제하여, 낯선 이미지와 인용구들로 하여금 자신의 생각이 단선적으로 전개되지 못하게 한다. 이런 방식으로 일찍이 오래전에 살았던 사람들은 그들의 역사로부터 구원된다. 그들의 말이나 작품들이 아렌트에게서 등장하게 되면 그것들은 뭔가 새롭게 할 말이 있다는 점을 명백하게 드러낸다. 화가 로버트 마더웰Robert Motherwell은 한 인터뷰에서 자신의 고유성과 낯선 이미지들 사이의 이러한 상호작용에 대해 심술궂게 핵심을 찌른 적이 있다. 예술사에서 어떤 화가가 그에게 가장 강력하게 영향을 끼쳤느냐는 질문에 대해 마더웰은 "나는 그 질문을 이해할 수 없네요. 그들에게 영향을 끼치는 사람은 바로 나랍니다."라고 대답했다.

어긋남

인용문이 무엇인가를 증명할 필요가 없는 곳에서는 서로 다른 맥락 속에서, 이를테면 다양한 텍스트 무대에 출현함으로써 여러 가지 상이한 기능을 드러낼 수 있다. 셰익스피어의 햄릿 독백인 "사느냐 죽느냐"의 다음 문장을 보자.

세월이 어수선하니, 내가 이 세상을 바로 세우기 위해 태어났다는 사실이 저주이자 수치로다.[22]

기억을 돕기 위해 간략한 줄거리를 소개해보자. 햄릿은 덴마크로 돌아와 돌아가신 아버지, 즉 왕의 죽음을 애도한다. 아버지는 세칭 뱀에 물렸다고 하지만 실제로는 자기 부인인 햄릿 어머니의 연인에 의해 죽임을 당했다. 이 나라의 어느 누구도 흉악한 행위를 눈치채지 못하고 왕궁 전체가 외견상 조화로운 가운데 공동의 슬픔을 나누는 것처럼 보였다. 그 행위가 너무 끔찍하고 상상조차 할 수 없는 것이어서 살아 있는 사람들은 (말로) 그것을 파악할 수 없었고, 단지 영靈만이, 햄릿의 죽은 아버지의 영이 그에게 불가해한 사건에 대한 암시를 하게 된다. 하지만 햄릿은 이 징표를 다른 어느 누구에게도 발설하지 않는다. 그는 이 진실을 가지고 공동체 안에서 계속 살아가기 위해 먼저 미친 사람처럼 행동해야 했다. 사실이 비현실적인 세계는 유령의 세계이다. '존재'—즉 현재 마주한 세계에서의 삶—에는 '비존재'—겉으로는 살인자에 의해 야기된 거짓된 현실에 적응한 것처럼 보이도록 행동하는 삶—가 서로 대립된다. 아렌트는 그것에 대해 잘 알았고, 이러한 지식을 그녀가 집필한 카프카 에세이에서도 알기 쉽게 설명했다. 단지 선한 의도를 가지고 유령의 세계에 갇힌 인간은 "하나의 예외로서 '거룩한 자' 혹은 광인처럼 행동할 수밖에 없을 것이다."[23]라고 했다. 연극 속의 연극, 즉 유랑극단의 등장이 비로소 작품 속에 원동력을 주며 시간을 다시 '바로잡을' 수 있는 가능성을 부여하게 된다. 햄릿의 이야기가 아무리 슬프다고 하더라도 세계 연극 무대에서 그가 상영되는 것이나 훗날 텍스트에서 그가 인용됨으로써 새롭게 등장하는 것 역시 악의 돌진에 맞서는 햄릿의 인간적인 시도에 대해 이야기한다. 또한 '덴마크라는 국가'에서 행해진 불의가 인간의 상상을 초월하는 바로 그곳에서 이야기되기도 한다.

아렌트는 1954년 행한 강연 "최근 유럽 철학 사상의 정치적 참여Concern with Politics in Recent European Philosophical Thought"에서 처음으로 '인용'을 사용했다. 아렌트는 느릿느릿한 독일어 억양으로 미국 청중들에게 전후 유럽철학의 현황에 대해 개괄적인 설명을 하며, 상이한 철학사조(하이데거, 야스퍼스, 사르트르, 마리탱 등) 어디에도 지금까지 절대 일어나선 안 되었을 쇼크(유대인 학살-옮긴이)에 대해 이론적으로 분석한 곳이 없다고 피력했다. 아렌트의 설명에 따르면, 비록 유럽의 모든 철학사조가 "현대 정치사 가운데 완전히 경악할 만한 사건에 대해 이것이 미래에는 더욱 공포스러울 수 있다는 개연성"[24]과 함께 알고 있음에도 불구하고 실제 최근의 '정치적 체험'에 대해선 어떤 분석적인 개념도 찾아볼 수 없다는 것이다. 아렌트의 이 강연은 철학이 인간의 행위(물론 범행일지라도)에 관심을 기울이고 정치에 민감하게 반응해야 한다는 입장에 대한 격렬한 변호이다. 실제로 전후 유럽의 철학 텍스트에는 정치에 대한 무지, 미사여구, 신화화 혹은 케케묵은 확신의 재연이 우세하게 나타나, 어떻게 (철학적) 사유가 현실에 유용할 수 있을지는 수수께끼라고 했다. 야스퍼스가 아무리 '영웅주의의 파렴치한 영혼'을 변호한다고 해도 충분치 않으며, 마리탱의 가톨릭교는 결국 전통으로 돌아갔고, (프랑스) 실존주의는 철학을 따나 정치로 선회했으나 거기서 철학적으로 머물러 부조리의 관점을 고수하는 데 그쳤다는 것이다. 어디에서도 '정치적 체험'이 분석적으로 개념화되지 못하고 전통만 고수하고 있다는 것이 아렌트의 논지였다.

> 전통으로의 회귀는 '어긋난', 즉 어수선한 세상을
> 재정돈하는 것 이상의 것을 암시하는 것처럼
> 보인다. 그것은 이미 지나간 세상의 재건을

의미한다. 그리고 비록 그러한 시도가 가능하다고
하더라도, 하나의 전통을 배경으로 하는 많은
세상 가운데 어떤 세상을 재건해야 할 것인지에
대한 질문은 단지 자의적 선택이라는 측면에서만
답변될 수 있을 것이다.[25]

그리고 동일한 텍스트의 다른 곳에서는 다음과
같이 말한다.

핵심은 현재의 세상이 위기에 돌입하여 어긋난
것이 아니라, 인간 실존 자체가 '부조리'하다는
점이다. 그 이유는 이성을 가진 존재임에도
불구하고 인간은 풀 수 없는 질문들을 던지기
때문이다.[26]

셰익스피어의 '어긋남out of joint'이 여기서는 우선
적으로 대서양을 연결하는 언어의 이미지로 볼 수 있
다. 이것은 독일어를 말하는 사람과 미국의 청중들 사
이에 공통적인 이미지 세계를 갖게 하며, 동시에 시대
의 끔찍한 사건을 통해 존재에 대한 근본적인 의문을

갖도록 하는 음향, 언어, 이미지 공간을 부여한다. 모든 것이 사느냐 죽느냐의 문제에 걸려 있다.

아렌트가 같은 해에 두 번째 햄릿의 '어긋남'을 사용했을 때, 햄릿의 목소리는 아렌트의 사유공간에서 다른 관점을 가져왔다. 그 독백 가운데 이행 연구聯句 전체를 살펴보자.

결국 세상은 항상 인간의 산물이자, 세상에 대한 인간의 사랑Amor Mundi의 산물이다. 인간의 손이 만들어낸 것이다. 진실은 언제나 햄릿이 말한 것과 같다. "세월이 어수선하니 내가 이 세상을 바로 세우기 위해 태어났다는 사실이 저주이자 수치로다."

그리고 계속해서 다음과 같이 쓰고 있다.

잠재적으로 영생이 가능하다고 하더라도 죽을 수밖에 없는 사람들이 이룩한 세상은 그 세상을 만든 사람들의 죽을 운명에 의해, 그리고 세상에서

살기 위해 앞으로 올 사람들의 탄생에 의해 항상
위협을 받는다. 어떤 의미에서 세상은 늘 광야이며
세상이 새로 시작될 수 있도록 하기 위해 시작하는
그런 사람들을 필요로 한다.[27]

　이 인용의 출처가 되는 『정치학 입문Einführung in
die Politik』은 오로지 획일적인 사회가 지배하는 시대에
'자연 그대로의 세상을 상실하는' 것에 대항하여 정치
적으로 새로운 토대를 세우기 위한 시도이다. 여기서
이러한 위협을 받는 현재에 대한 아렌트의 서술은 낯
선 목소리들로 가득 차 있다. "인간의 손으로 이룬 모
든 것이 헛되고 헛되도다."라고 한 폰타네Theodor Fontane
의 목소리는 인간이 수고하여 이룩한 모든 것의 무상
함을 잘 알고 있다는 점을 넌지시 일러준다. 그리고
니체의 광야는 문명의 발전이라는 폭풍우가 휘몰아치
는 세상에서 사람들은 사회에 동화되어야 할 위협을
받지만, 정치를 통해 이런—획일화된—사회의 성장
에 제동이 걸려야 한다는 것을 암시한다.
　첫 번째 예문에서 '덴마크라는 국가에서'의 '부
패함'을 알아차려야 할 시급함을 강조한 햄릿의 인용

문은 이—두 번째—문맥에서 더 강력하게 인간으로 서의 인간의 과제인—즉 의지와 표상으로서의 세계 가 아닌!—현재라는 시간을 공동으로 만들어가야 할 ("세상을 바로 세우는") 절실함을 강조한다. "오시오, 우리 함께 갑시다."라고 셰익스피어 연극의 막이 내린다.

우리가 인간의 속성을 버릴 수 없는 한 광야의 조건하에서 살 수는 없다고 아렌트는 단언한다. 우리가 광야에 적응한다면 인간적인, 인간에 의해 만들어진 세상에 대한 희망은 사라져버린다. 전체주의는 광야 자체를 움직여 모래폭풍이 일도록 위협하고, 사람이 살고 있는 지구의 모든 곳에 내려앉아 모든 것들로 하여금 '거짓 행동'[28]을 하도록 몰아간다. 햄릿과 마찬가지로 우리들은 광야의 조건하에서 고통을 받는 바로 그 이유 때문에 인간적인 것이며, 아직 온전한 것이다.

페르소나레

아렌트는 말하는 것과 사유하는 것의 차이, 즉

한편으론 일회적이고 찰나적인 성격을 갖는 말하기와 다른 한편으론 결코 끝나려 하지 않는 자신의 행위로서의 사유하기의 차이를 마찬가지로 극적 이미지인 그리스 비극의 마스크 이미지를 사용하여 파악하였다. 행동과 말이 세상을 만든다면, 아렌트에게서 사유한다는 것은 '나와 나 자신' 사이에 행해지는 끝없는 대화이다. 여기에서 이 '둘'은 상이한 목소리, 인용구, 생각의 파편을 내면의 무대 위로 불러올 수 있으며, 그것들은 그렇게 기억되고 재실행되어 머릿속에서 자신들의 본질을 작동시킨다.[29] 사유하는 사람이 스스로 무대에 출현하기 위해 자신의 생각을 중단하는 그 순간에, 그 사람은 생각했던 것을 기억해내고 무대에 출현하는 순간을 위해 마스크를 쓴다. 각 개인의 마스크는 그것을 관통하여 자신의 목소리가 바깥으로 울려 퍼지게 한다('personare', 관통하여 울리다). 말하자면 마스크는 이 '세상에 출현'하는 구체적인 형식에 대한 결정을 나타낸다. 이를테면 그 어느 누구도 용기 있는 자가 두려움을 알지 못한다고 주장하려 하지 않을 것이다. 그는 단지—이것은 결정적인 것이다—대담한 자로 등장할 것을 결정한 것에 불과하기 때문이다. 그리고 비록 그가 이렇게 등장하는 모습을 습관으로 삼았다고 하더라도 두려움은 존재할 것이다. 아렌트에게서 자유는 각기 상이한 무대에서 구체적으로 출현함으로써 실현되며, 이러한 등장이 끝나는 순간 자유도 사라진다. "다른 사람들과 함께 무대에 등장해야 하는 위험부담을 떠안을 수 있는 사람만이 미래에도 이렇게 함께 존재할 각오가 되어 있다. 즉 이런 사람은 자신과 동류의 사람들 사이에서 함께 행동하고 자신이 누구인지에 대해 설명할 각오가 되어 있다."[30] 여기서 다시 뭔가 새롭게 해석될 수 있다. 일반적으로 우리는 마스크가 본래의 자신을 숨긴다고 가정하지만, 아렌트에게서 마스크는 자기 자신을 피력할 수 있는 형식이다. 마스크는 인간으로 하여금 바깥 세상을 향해 내면을 뒤집어 보이게 한다. "우리가 우리의 내면에서 벌어지고 있는 그 무엇이 우선 세상 속에서 어떻게 대처하는지를 이야기함으로써 우리는 그것을 인간답게 만든다."[31] 따라서 이러한 현상은 하나의 생각 안에 들어 있는 '둘'에 대해서뿐만 아니라, "내적으로는 모든 것이 동일하다."[32]는 순수한 식물성 기능에 대해서도 일시적인 종지부를 찍는 것이다. "단지 바깥으로 드러나는 것만이 실제이고 다른 것과 차별되며, 바로 비길 데 없는 유일한 것이다. 한마디로 요약하자면 우리의 감정이 모두 같다고 하더라도 차이가 있다면 우리가 어디에서 어떻게 그 감정을 표출시키는가 하는 것이다. 달리 말해, 자연은 순전히 기능적인 모든 것을 감추고 형체가 없도록 내버려두었다."반면에 내면을 뒤집어 밖으로 드러내 보이는 것은 인간만이 할 수 있는 모험인 것이다.

거실

아렌트의 작품은 플라톤, 소크라테스, 하이데거와 마찬가지로 라헬 파른하겐Rahel Varnhagen, 셰익스피어, 자렐, 에밀리 디킨슨, 레싱Lessing, 오든, 브로흐, 릴케 혹은 하이네와 같은 친구들과의 대화이다.[33] 대화와 우정에 대한 아렌트의 이런 순수애는 인용문을 통해서도 잘 알 수 있듯이 그녀의 작품세계 전체를 관통한다. 아렌트는 어쩌면 실제 삶에서 서로 얘기를 나눈적이 없었거나 서로 이야기하고자 하지도 않았고 또

할 수도 없는 그런 사람들을 등장시켜 서로 대립시키기도 한다. 이때 이러한 목소리들은 일종의 유령과 같은 힘을 발휘해 판단을 내리는 순간으로 이주해 들어와, 단순하고 일차원적인 확신이나 별생각 없이 자기만족으로 가득 찬 현실로부터 '잘못된 평화'를 앗아간다.[34] 이렇게 하여 새로운 공간들이 열린다.

인용구는 글로 쓰인 텍스트나 강연으로 인해 형성된 대화의 공간에 다른 사람들을 등장시키고, 이 사람들은 서로 납득할 수 없는 불가사의한 관계를 형성한다. 수용자인 독자는 여기에서 생겨나는 생각의 불일치나 불확실한 부분들을 자신의 입장에서 상이한 시간과 상이한 장소에서 업데이트시킬 수 있다. 이때 자신만의 고유한 상상력이 요구된다. 이런 식의 빈 공간들은 독자들을 수동적인 수용자 입장에서 끌어내어 쓰여진 텍스트를 자기 것으로 이해하고, 함께 행동하고, 함께 실행에 옮기도록 활력을 불어넣는다.

아렌트의 친구이자 (동시에 아렌트의 남편 하인리히 블뤼허의 친구인 - 옮긴이) 시인 테드 바이스Ted Weiss는 장문의 시 「거실Living Room」에서 ─ '생동하는 공간'

과 같은 '거실'에서—공동체적인 삶의 현장을 유고로
남겼다.

　　가는 시가를 문 하인리히가
　　눈을 부릅뜨고 걸죽한 베를린 악센트로 소리를
　　높이지만 내심 궁시렁거린다.
　　오래전 그들의 거실에서 마치 베수비오 화산이
　　분출하듯
　　친한 동료들과 의견 충돌이 일어나는 가운데에서

　　그의 친구들 그리고 한나의 친구들과 논쟁한다.
　　그들의 가장 가까운 사람들인
　　호메로스, 플라톤, 니체, 카프카, 포크너가
　　마치 불멸의 존재처럼
　　그들의 정신은 아직도 사유 중이며 그와 그녀를
　　통해
　　그들의 결정을 어떻게 내릴지 고심 중이다.

　　고인이 된 과거의 시인이나 사상가들이 '거실'의
활기찬 공간에 등장하여 살이 되고 피가 되어 스스로

현재 인용하는 사람들의 생각과 판단 속으로 ("그들의
결정을 어떻게 내릴지") 새롭게 들어오게 된다. 아렌트
는 마치 동시대의 사람들에게 하듯 그들과 함께 "언
쟁을 하고", 동시에 관련된 인물의 "소관이어서 그 사
람이 어떤 식으로든 유효하게 받아들인 카테고리 안
에서"[35] 그녀 스스로가 동시대인인 것처럼 행동한다.
테드 바이스가 마치 아렌트와 블뤼허에 의해 호메로
스, 플라톤, 니체, 카프카, 포크너가 여전히 살과 피를
가진 인간으로서 ("살이 되어버린 생각"[36]) 시간에 대해
골머리를 앓으며 의견을 진술하는 것처럼 보인다고
쓴다면 '거실' 또한 하나의 무대가 된다. ("그리고 그들
은 여전히 성스런 도시를 탐색하고 있다.") 이것은 세상에
대한 우려가 지속적으로 협상을 이루어가는 신뢰할
수 있는 장소이자 모든 사람들이 ― 누구라도 배우가
되거나 또 관객이 되어 ― 등장할 수 있는 무대인 것이
다. 그러나 아렌트는 한 걸음 더 나아간다. 그녀는 자
신의 텍스트를 하나의 무대로 만든다. 그곳에서 독자
역시 지배자들의 생각으로부터 그리고 지배적인 생각
으로부터 자유로워지고, 스스로 해방되며, 또 오늘날
이리저리 뒤얽힌 혼란으로부터 자유로워져 스스로를

무대에 출현시키도록 고무된다. 세상은 논쟁의 여지가 남아 있으며, 계속 논쟁적일 수밖에 없다.[37]

예행 연습

아렌트는 1947년 실존주의 철학자 가운데 커뮤니케이션 이론가인 자신의 스승 칼 야스퍼스와의 논쟁을 통해 텍스트가 언어수행적인 공간이라는 생각을 처음으로 경험하였다. 이것은 문학작품을 읽을 때 저절로 실제상황을 음미해보는 것처럼 독자가 권한을 받고 스스로 작품 속의 인물로서 상상할 수 있는 공간을 일컫는다. "그래서인지 야스퍼스가—연구의—결과를 알려주는 경우엔, 특정한 사유의 운동을 '놀이하는 형이상학'의 형식으로, 줄곧 실험적인 형태로 할 뿐, 결코 확정적으로 표현하지 않았다. 그것은 흡사 사람들로 하여금 함께 행동하도록, 즉 철학하는 것에 동반하도록 제안하는 성격을 갖는 것이었다."[38]

아렌트의 텍스트에서 인용구는 '종횡무진 참조의 네트워크'[39]를 형성하며 사상을 펼쳐나가고 세상

을 연결하는 많은 접두어와 전치사는 인간적인 사안
들이 형성하는 관계망에 대한 신뢰를 강화시킨다. 아
렌트는 영어 텍스트에선 세련된 수동형 동사를 쓰는
곳에, 독일어 텍스트를 위해선 자주 강변화 동사를 선
택하여, 독자들에게 항상 새로운 뉘앙스들을 알게 한
다. 이런 방식으로 아렌트는 사상의 다원성 못지않게
창작의 풍요함을 연출한다. 글을 쓰는 일과 쓰인 텍스
트를 읽는 것, 이 두 가지가 지식세계에 충분히 효력
을 발휘하여, 우리는 인간이 만들어놓은, 그렇기 때문
에 역시 인간에 의해 변화될 수 있는 세계에 살고 있
다는 것을 경험한다.[40]

　　독일어에서 눈에 띄는 것은 아렌트가 보다 강력
하게 수사학적인 수단—즉 전래되어온 바에 따르면
무엇보다 사람들의 마음을 사로잡아 감동시키려 한
다는 의심을 받고 있는 반복, 두운법, 강조, 리듬, 웅
변술—을 사용하여, 글로 쓰인 자신의 텍스트를 청취
가 가능한 것으로 바꿔놓고, 기록된 문서에서 잃어버
린 것처럼 보이는 언어의 음향적인 차원을 되돌려준
다는 점이다. 살아 있는 말에는 반박이 가능하다. 들
을 수 있어야 들리며, 볼 수 있어야 보인다.

아렌트는 글을 쓰면서 동시에 그 글을 소리로 인지했다. 그녀는 한 공간 속으로 이야기하여 자신의 텍스트로 하여금 동시에 들을 수 있는 답변이 되도록 하는 방식을 터득하였다. 이런 방식으로 다른 사람, 즉 대화의 상대자는 자기 나름대로 답변을 하기 위해 자신의 상상력을 동원할 수 있는 활력을 얻게 된다. 아렌트는 하이데거에게서 어떻게 하여 사유가 다 이루어진 이후에 다시 사유가 활발해질 수 있는지를 분석하였다. 그러나 아렌트에 따르면, 하이데거는 단어가 갖는 본래의 맥락을 찾아내어 이미 경직된 뜻으로 사용되는 유사언어를 해동시키려 하는 노력에도 불구하고 "단지 한 사람만이 ─ 하이데거 스스로 ─ 텍스트에 자리를 잡을 수 있는" 전횡에 사로잡혀 있었다.

이러한 폐쇄적인 서사에 대해 아렌트는 개방적인 서사로 맞섰다. 그것은 생각하는 대사, 즉 낯선 텍스트를 읽는 것에서 듣는 것으로 복구하여 ─ "인쇄된 결과물"을 "그것에 대해 반박이 가능한 생생한 연설로…"[41] 변화시키는 것뿐만 아니라, 스스로 자신의 텍스트를 반박이 가능한 살아 있는 연설로 구상하는 것이다. 이렇게 함으로써 아렌트는 독자로 하여금 더 이상 수동적으로 반응만 하는 것이 아니라 스스로 함께 이야기하도록 부추긴다. 독자는 스스로 연상작용을 통해 작가와 제휴할 수 있다. 아렌트는 화자話者의 전지적 시점을 포기하면서 스스로 글을 쓰는 사람으로 텍스트에 나타나거나, 고도의 권위를 버리고 스스로 논쟁하는 인물로 변신함으로써 새로운 공간이 생겨나도록 한다. 이 공간은 화자에게 부여된 권한이 아닌 다른 권한들을 위한 것이며, 독자의 공동책임과 전권을 위한 것이기도 하다. 아렌트는 사유한 것에 더 많은 목소리를, 즉 인물들이 보다 활기차게 등장하는 것을 보장하기 위해 구문법, 단어선택, 문장구조 외에 수사학적 어법들을 사용한다. 그녀의 수사학은 설득을 위한 것이 아니다. 아렌트는 독자를 열렬히 자신의 편으로 끌어들이는 것이 아니라 그녀에 의해 준비된 공간으로 끌어들인다. 왜냐하면 아렌트는 살아 있거나 죽은 시인들과 사상가들뿐만 아니라 독자들과 "언쟁을 벌이려 하기"때문이다. 아렌트가 진정한 의미에서 행위에 대한 동경과 자유의 한계에 관해 다루고 있는 텍스트인『혁명론Über die Revolution』에서 얼마만큼이나 명사를 동사로 풀어내는가 하는 점이 이목을 끈다.[42] 행위자로서의 인물들은 그들의 가능성, 운신의 폭, 속박은 물론, 어쩌면 생산적일 수 있는 실수들과 더불어 독자 앞으로 나오게 된다. 독자도 책을 읽을 때에 이와 같은 방식으로 역사적인 인물들의 운신의 폭, 속박에 대해, 그리고 동시에—여기서 독서는 현실을 위한 리허설이다—자기 자신의 가능성, 동경, 속박에 대해 성찰하도록 요구받는다.

> 실질적인 문제에 있어서 아주 비범하고 건강한
> 인간 오성을 자주 증명해 보였던 제퍼슨과 같은
> 남자도 혁명이 주기적으로 반복될 수 있다고
> 하는 터무니없는 해법에 빠질 수 있었다는
> 사실은 현실적인 재앙 앞에서 이해할 수 없는
> 최대의 난제이다. 그러나 그가 긴 인생을 통해
> 되풀이하여 그런 실현 불가능한 계획들에 빠져든
> 데에는 충분한 근거가 있었다. 그는 적어도
> 미국의 혁명가들 가운데 신공화국의 결정적인
> 실수를 예감한 유일한 사람이었다. 즉 미국의
> 새로운 공화국은 민중에게 자유를 주었으나, 이
> 자유가 실질적으로 행사될 수 있는 공간을 얻지는

못했다는 점을 말이다.[43]

그리고 아렌트는 독자에게 다음과 같은 메시지를 남겼다.

칸트와 같이 '국가의 헌법을 생각해내는 것은 달콤하다'고 생각한 그 누군가는 우리가 단지 생성된 그 상태로만 알고 있는 이 국가형태를 계속해서 상상해보는 유혹을 뿌리칠 수 없을 것이다.[44]

이 구절이 정확하게 무엇을 말하려는 것일까? 아렌트는 완성된 연구 결과를 제시하지 않은 채 혁명에 관한 논문을 썼다. 여기서 아렌트는 제퍼슨과 함께 전적으로 그의 재량에 놓인 범주에서 마치 그가 스스로 아렌트에게 논쟁을 걸어온 것처럼 논쟁을 벌인다. 아렌트는 상식적으로 수긍할 수 있는 역사적 결과라 하더라도 협의를 통해 이루어졌거나 협의되어야 하는 사안으로 복귀시키고, 그 당시의 정치적이며 인간적인 딜레마를 오늘날의 독자들이 깊이 유념해야 할 새로운 과제로 제시한다. 이렇게 하여 제퍼슨은 독자들의 동시대인이 된다. 이를 넘어서서 혁명적인 희망과 가치들을 독자에게 호소한다. 정치적 딜레마 앞에서 무기력에 빠지지 않고 혁명의 세력을 '비축해두기' 위해 새로운 길을 찾으려는 동경을 말이다. 이렇게 하여 독자는 소비자에서 생산자라는 개념으로 환원된다. 그는 텍스트를 소비하는 것이 아니라 동일한 텍스트 안에서 주어진 문제에 대해 함께 고민한다. 독자는 위의 예문에서처럼 '칸트와 같이' 무엇인가를 생각하고 혹은 그것에 반대할 수 있으며, 간섭하기도 하고 거리를 두기도 한다. 그에게는 국가형태에 대해 '계속해서 상상' 해볼 수 있는 권한이 주어지고, 자신의 고유한 상상력을 가동시킬 수 있다. 역사는 필연적 속박으로부터 해방된다. 어떤 철학적, 역사적 사안에 대해 같이 이야기하고 행동한 사람이 누구인가에 따라 모든 것은 다르게 전개될 수 있었을 것이다. 만약 각 개인들이 대중사회에서 불필요한 인물이 될 위협을 받는다면, 무엇을 반박할 수 있으며 또 반박한다고 한들 누가 귀를 기울이겠는가. 그러나 텍스트에서 다성多聲이 만들어진다면, 그런 생각을 갖지 못했던 사람들도, 다른 의견을 가진 사람들도 '거실'로 향할 수 있다는 생각을 갖게 될 것이다. 독자들은 실제 복수로 존재하기 마련이다.

아렌트의 작품들이 텍스트가 처한 현실을 초월적으로 만드는 사유 이미지 덕택에 비록 여러 차례의 독서에도 불구하고 완전히 고갈되지 않는 이론적인 연구를 다루고 있다고 하더라도, 또한 바로 그렇기 때문에 무언가 독특한 새로운 것을 성취하였다. 즉 독자는—가능한 한—스스로 배우가 되어 자신에게 부여된 전권을 수행한다. 인생이 세상에 대한 사랑Amor Mundi에 의해 연장되는 '연극 속의 연극'이 되는 곳에서는 내일의 판단 앞에서 갖게 되는 두려움일지라도 인간을 무기력하게 만드는 그 속성을 잃게 된다. 이렇게 하여 자유가 생기고 실수를 해도 괜찮은 위대한 자유가 생긴다. "우리는 매 시간 판단하고, 매 시간 실수한다."라고 언젠가 리히텐베르크Lichtenberg가 말했다.

아렌트는 사회과학이 증대해지면서도 정치적인 것을 무용지물로 만드는 것에 대해 경고할 뿐만 아니라, 아렌트가 글을 씀으로써 위협을 당하는 정치적인 것에 필요한 한 공간을 준비해놓을 수 있듯이 자신의 텍스트를 하나의 공간으로 연출하였다. 아렌트는 혁명적인 행동이 출구를 찾지 못하고 진퇴양난에 빠진 것에 대해 심사숙고하면서, 이러한 자신의 사유를 음향의 공간, 언어수행의 공간이 되도록 하였다. 그녀의 글들이 행동하는 사람에 의해 사유된 것으로서 어떤 '객관적인' 묘사나 판단에 의한 것이 아니기 때문에, 이국적이거나 몰락한 (상실한) 목소리들이나 역사의 관점들도 무대 위에 다시 올려질 수 있다. 패망한 역사가 망각의 손아귀에서 탈취된다. 불필요한 존재로 위협받는 개개인은 모든 것이 자신에게 달려 있다는 생각을 그리고 자신의 행동과 생각이 모든 것을 바꿔 놓을 수 있다는 생각을 되찾게 된다.

1940년대 말 아렌트는 발터 벤야민, 헤르만 브로흐, 프란츠 카프카의 작품들을 읽으며, 한 작품에 담긴 시적인 내용과 사색적인 내용의 통일성을 통해 독자들 스스로가 '본질적인 사유의 전개과정'에 관련될 수 있을 것이라고 기록한 바 있다.[45] 이렇듯 적극적인 독자들은 자신의 상상력을 동원하여 작가들과 함께 궁색한 오늘의 현실에서 '진정한', 새로운 아이디어를 찾아 나설 수 있는 것이다. 바로 모던의 문학적 전략을 통해 아렌트는 시문학이야말로 독자들에게 해결책을 줄 수 있다고 확신했다. 왜냐하면 시문학은 소설을 읽는 독자들로 하여금 책을 읽고 소비하는 수동성으로부터 끌어내어, 이미지로 파악되는 세계에 대한 작가의 질문에 능동적으로 참여하도록 만들기 때문이다.

이렇듯 미학적으로 유동적인 탐색운동의 맥락에서 아렌트에게 고유한 '언어수행적'인 글들은 오늘날에도 새로운 관점에서 해석할 수 있다. 아렌트에 의해 '나는 이해하고 싶다'고 하는 급박함 속에서 새로운 삶으로 일깨워진 '죽은 목소리들'이 독자를 사로잡아 함께 사유하는 동력자로—공동의 '언어수행'에 참여하는 자로, 세상에 대한 협상에 참여하는 자로 만든다. 한나 아렌트는 용서하는 것, 약속하는 것 등과 같은 일상적인 인간관계의 현상을 탈사유화, 탈개인화하여, '그것들이 공적으로 등장하기에 알맞은 형태'를 찾아 나섰다. 그것은 마치 대중사회가 당면한 시급한 (예술적인 것뿐만 아니라) 문제에 대해 새로운 해법을 구하는 퍼포먼스 예술가에 비견할 만한 것이다. 나는 어떻게 수동적인 관객들로부터 다시 그들을 획득할 수 있을까? 예술가 이브 클랭Yves Klein은 예술에서 공적 공간을 다시 부활시키기 위해, 〈인체측정〉이라는 작품에서 몸을 스크린으로부터 분리하여 갤러리 공간으로 도로 옮겨놓았다. 그렇게 해서 관객들 스스로 세상이라는 '스크린' 위에 하나의 자취를 남길 수 있다는 생각이 가능하도록 했다.

아렌트는 과장법을 선호했다. 이미 알려진 것을 뛰어넘는 언어의 과도함은 익숙한 궤도를 따르는 사유방식을 극적으로 과장함으로써 새로운 모험 속에 빠뜨리곤 한다. 무대라고 하는 아렌트의 메타포와 인생을 새롭게 드라마로 재생시키려는 의도에 전승되어 온 연극에 대한 기존의 생각이 계속 들어맞는 것은 아니다. 세상이라고 하는 연극 무대에 인간이 등장하는 것은 어떤 확고한 본보기를 따르는 것이 아니다. 하늘의 조력자가 있는 것도 아니고 그렇게 움직이는 사람도 없다. 하나의 무대로서의 세상이라고 하는―탈학습적―메타포의 의미는 모든 사람이 '연극', 즉 세상의 흐름을 자신의 등장에 의해 어떤 순간이든 뒤집을 수 있다는 약속이다. 전혀 뜻하지 않게. 아렌트는 발전에 대한 생각과 더불어 사유의 자율성에 대한 생각을 폐기시킨다. 우연, 유희, 순간이 제 권리를 되찾고 미래는 원래 그렇듯이 다시 수수께끼처럼 예기치 못하고, 비이성적이고, 비논리적인 것으로 환원된다. 소비주의의 수동성으로부터, 그리고 사회적인 억압으로부터 구원이 이루어져야 공적 공간을 탈환할 수 있다. 아렌트는 이미 고정된 해석의 틀이나 자신만의 독자적인 생각들을 매번 새롭게 탐구하는 탈학습을 통해 "인생의 페스티벌"[46]에 과감히 도전하였다.

left 왼쪽의, 좌측의

write 쓰다

right 오른쪽의, 옳다

rong 영어의 'wrong 틀린,
잘못된'을 잘못 표기함

valsch 독일어의 'falsch 틀린,
잘못된'을 잘못 표기함

Poe(sie) 시문학

sie 그녀, 'Sie'의 경우 '당신'으로
존칭

du 너

den 그것을, 그를(der의 4격)

dem 그것에게, 그에게(der의

3격)

der 이, 그, 저(독일어의 남성을
나타내는 관사)

er 그, 그 사람, 남자

male 남자, 남성의

mail 우편물

letter 편지

chair 의자

line 선

headline 헤드라인, 표제

Überschrift 헤드라인, 표제, 제목

die Unterschrift 서명, 사인

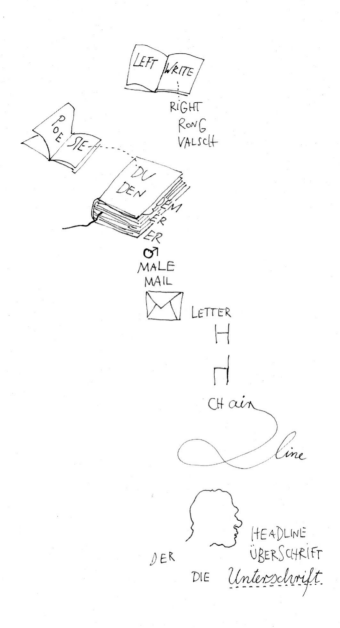

LEFT WRITE

RIGHT
RONG
VALSCH

POESIE

DUDEN
DEM
ER
ER

MALE
MAIL

LETTER

CHair

line

DER

HEADLINE
ÜBERSCHRIFT

DIE Unterschrift.

주

서문

1 전시회 자료로 Barbara Hahn / Marie Luise Knott, *Hannah Arendt – Von den Dichtern erwarten wir Wahrheit*가 출간됨. 이 협력 작업을 통해 Schocken Books의 자료들(번역)이 모아졌고, Dolf Sternberger(웃음), W. H. Auden(용서), Charlotte Beradt(웃음)와의 서신교환 자료 및 장시(長詩) *Living Room*(연극)이 모아졌음.

웃음

1 Hannah Arendt, *Eichmann in Jerusalem*, 56쪽.

2 같은 책, 111쪽.

3 Hannah Arendt / Gershom Scholem, *Der Briefwechsel, 1939-1964*, 432쪽.

4 한나 아렌트는 1964년 이스라엘 신문 *Maariv*에 실린 '6백만 명에 이르는 대량학살(Destruction of Six Million)'이라는 인터뷰에서 유대인 대표자들이 처해 있던 절망적인 상황에 관해 상세하게 논쟁을 벌였다. "객관적으로 볼 때, 거의 세 가지 방법밖에 없었습니다. 즉 스스로 무력함을 인정하고, 할 수 있는 것은 아무것도 없으니 살아남을 수 있는 자는 알아서 하라고 말하는 것, 또는 보호할 사람들을 데리고 동쪽으로 피난길에 올라 운명을 함께하거나, 프랑스에서처럼 나치가 통제하고 있던 유대인 평의회를 언더그라운드 활동을 하기 위한 위장조직으로 삼아 최대한 많은 유대인들이 도

망칠 수 있도록 도와주는 것이었습니다." 아렌트는 같은 인터뷰의 다른 대목에서 유대인 지도부가 말살정책의 한 '요인'이 되었느냐는 질문은 피해 갈 수 없다고 확언하였다. 이 인터뷰는 Hannah Arendt, *The Jewish Writings*, 490-495쪽에 다시 실림.(마리 루이제 크노트 역)

5   한나 아렌트가 클라우스 피퍼(Klaus Piper)에게, Deutsches Literaturarchiv(DLA, 독일문학아카이브), Marbach.

6   각주 4번 참조.

7   http://www.hannaharendt.de/download/fest_interview.pdf 참조.

8   한나 아렌트는 틸로 코흐(Thilo Koch)와의 인터뷰에서 다음과 같이 말했다. "타락 천사 루시퍼의 이야기처럼, 바로 악의 그럴싸해 보이는 악마와 같은 속성이 사람들을 홀리는 엄청난 마력을 갖고 있다. (…) 그러나 나치 범죄자들은 우리가 생각했던 악하고 잔인한 동기를 갖고 있지 않았다. 바로 그 이유 때문에 우리 모두는 그들의 만행을 악마화하고 그 안에서 역사적인 의미를 발견하고 싶었으며, 그것이 중요했다." Hannah Arendt, *Ich will verstehen*, 42쪽 이하 참조.

9   Hannah Arendt, *Eichmann in Jerusalem*, 113쪽.

10 Hannah Arendt / Gershom Scholem, *Der Briefwechsel, 1939-1964*, 433쪽.

11 같은 책, 441쪽.

12 Hannah Arendt, *Ich will verstehen. Selbstauskünfte zu Leben und Werk*, 64쪽. 인문학자 토마스 빌트(Thomas Bild)는 흥미로운 에세이 「한나 아렌트의 웃음(Das Lachen der Hannah Arendt)」에서 한나 아렌트의 웃음을 '판단력의 표현'으로 묘사한다. 그녀의 웃음은 "우월함, 경멸 또는 물리적 해방감에서 비롯된 웃음이 아니다. 아렌트의 웃음은 즉흥성의 웃음이다." Heuer / von der Lühe (Hg.), *Dichterisch Denken*, 116쪽 참조.

13 Hannah Arendt, "Für und gegen Paul Tillich", *Aufbau*, 1942년 7월 31일, Hannah Arendt, *Vor Antisemitismus ist man nur auf dem Monde sicher*, 77-78쪽에 다시 실림.

14 Walter Benjamin, "Der Autor als Produzent", *Gesammelte Schriften II. 2*, 699쪽.

15 본 인용 및 그 이후 인용문의 출처는 Hannah Arendt, "Franz Kafka", *Sechs Essays*, 146쪽; 추가로 Marie Luise Knott, "Hannah Arendt liest Franz Kafka 1944", *Text und Kritik*, 166 / 167, 150-161쪽 참조.

16 Hannah Arendt, "Wir Flüchtlinge", *Zur Zeit*, 7쪽 이하 참조.

17 Karl Jaspers, Hannah-Buch, Kapitel VII, Nachlass Karl Jaspers, DLA 의 원고 중에서(칼 야스퍼스가 한나 아렌트의 웃음을 중요하게 생각해서 "한나의 책"에 웃음이라는 장을 별도로 할애하고자 했다).

18 "결국 야스퍼스에게 유효하고 기준이 되는 것은 항상 전통이에요 (⋯) 실제로 그는 현대에 의도적으로 모방된 것만 인식해요. 첫날에 저는 거의 절망할 뻔했어요. 모든 것을 합리화하거나 윤리적으로 설명했기 때문이에요. 그래도 금방 적응했어요. 왜냐하면 두 번 다시 볼 수 없는 멋진 녀석이잖아요!" 한나 아렌트가 하인리히 블뤼허에게, *Briefe, 1936-1968*, 243쪽 참조.

19 *Eichmanns Ende*라는 다큐멘터리 드라마에서 빌렘 사센(Willem Sassen)과 아이히만 인터뷰에 기록된 내용 중.

20 두 인용문 모두 "Ironie", *Historisches Wörterbuch der Philosophie*, Band 4, 577 / 579쪽에 기재된 내용 중.

21 "당신은 어느 누구보다 진실에 다가가고자 하는 의지가 깊다." 1963년 3월 23일, 철학자이자 아렌트의 친구이며 하이데거 전문 번역가인 글렌 그레이(Glenn Gray)가 한나 아렌트에게 쓴 내용이다, Library of Congress(LoC, 미국의회도서관), Arendt Papers, Box 11.

22 Hannah Arendt, *Elemente und Ursprünge totaler Herrschaft*, 941쪽.

23 Hannah Arendt, "Interview mit Thilo Koch"에서 인용, Hannah Arendt, *Ich will verstehen*, 43쪽에 실린 내용.

24 Reinhard Baumgart, "Mit Mördern leben", *Merkur*, 206 / 1965, 482 쪽 이하 참조.

25 "Witz"는 독일어 "ueid"로부터 파생된 단어로 본래 "sehen(보다)",

"wissen(알다)"을 의미함.

26   Immanuel Kant, "Anthropologie in pragmatischer Hinsicht", § 54, Leipzig 1917, 220쪽.

27   1965년 2월 19일 한나 아렌트가 베노 폰 비제(Benno von Wiese)에 게, Klaus-Dieter Rossade, "Dem Zeitgeist erlegen" 참조. *Benno von Wiese und der Nationalsozialismus*, 183쪽 참조.

28   귄터 가우스(Günter Gaus)와의 인터뷰, Hannah Arendt, *Ich will verstehen*, 58쪽 이하 참조.

29   Helmut Plessner, *Das Lachen und das Weinen*, 377쪽.

30   Hannah Arendt / Gershom Scholem, *Der Briefwechsel, 1939-1964*, 444쪽.

31   Hannah Arendt, *Menschen in finsteren Zeiten*, 308쪽.

32   각주 19번 참조.

33   유행가 가사: "Warte, warte nur ein Weilchen, / bald kommt auch das Glück zu dir, / Mit dem ersten blauen Veilchen, / klopft es leis' an deine Tür."

34   Hannah Arendt / Mary McCarthy, *Im Vertrauen. Briefwechsel 1949-1975*, 258 / 260쪽 참조.

35   Hannah Arendt, *Die verborgene Tradition*, 40쪽 이하.

36   Hannah Arendt, *Über das Böse*, 101쪽.

37   Hannah Arendt, *Vom Leben des Geistes. Das Denken*, 14쪽.

번역

1   Hannah Arendt, "Martin Buber, Un guide de la Jeunesse", *Le Journal Juif*, Vol. XII, No 17, 23 Nisan 5695 (1935), 마리 루이제 크노트 역.

2   부버 · 로젠츠바이크의 번역판을 출간한 람베르트 슈나이더 (Lambert Schneider)는 Lambert Schneider, *Rechenschaft über vierzig Jahre Verlagsarbeit 1925-1965*, 12쪽에서 위와 같이 회상함.

3   Günter Gaus-Interview, Hannah Arendt, *Ich will verstehen*, 58쪽.

4   Hannah Arendt, "Verstehen und Politik", *Zwischen Vergangenheit und Zukunft, Übungen im politischen Denken 1*, 117쪽에 다시 실림.

5   시인이자 비평가 세실 데이 루이스(Cecil Day-Lewis)의 시 「Where are the War Poets」(1943)에서 발췌함. 독일어 번역: "Es ist die Logik unserer Zeit / kein Thema für unsterbliche Verse / dass wir, die wir einst hehre Träume hegten / das Schlechte gegen das Schlechtere verteidigen." Hannah Arendt, *Vor Antisemitismus ist man nur noch auf dem Monde sicher*, 101쪽.

6   Hannah Arendt / Heinrich Blücher, *Briefwechsel*, 316쪽.

7   Günter Gaus-Interview, Hannah Arendt, *Ich will verstehen. Selbstauskünfte zu Leben und Werk*, 61쪽.

8   Jean Améry, "Das Leben zwischen den Sprachen", 37쪽.

9   칼 야스퍼스는 1947년에 *Von der Wahrheit*(398쪽)에서 언어의 은유적 특성을 잊음으로써 이른바 본래성(Eigentlichkeit)의 기반이 형성된다고 했다.

10 Hannah Arendt, *Denktagebuch*, 728쪽.

11 Herta Müller, *Zürcher Poetikdozentur*, 2007년 11월 19일.

12 한나 아렌트가 랜달 자렐(Randall Jarell)을 위해 작성한 독일어 버전의 추도문에서 인용함. 자렐에게 독일어는 하나의 국가, 즉 소리와 운율의 국가를 의미했다. 「내가 가장 좋아하는 나라는 독일어이다」라는 그의 시가 있다. "사람은 믿음과 사랑으로, 또한 사전 없이 릴케의 작품을 읽는 것으로 독일어를 배운다." Hannah Arendt, "Randall Jarrell", *Menschen in finsteren Zeiten*, 321쪽 참조.

13 Hannah Arendt / Martin Heidegger, *Briefe, 1925-1975*, 76쪽. 실러의 시 *Das Mädchen aus der Fremde*(낯선 곳에서 온 소녀)는 다음과 같다. "소녀는 과일과 꽃을 가져왔네 / 다른 빛을 받고 / 이곳과는 전혀 다른 땅에서 자라난 / 행복한 자연의 소산이었네 / 소녀는 아름다운 꽃과 익은 과일을 / 모든 사람에게 나누어 주었고 / 젊은이와 지팡이를 든 백발의 노인도 / 저마다 한아름 선물을 들고 돌아갔네."

236

14 Hermann Broch, "Einige Bemerkungen zur Philosophie und Technik des Übersetzens", *Dichten und Erkennen*, hg. von Hannah Arendt, 1955년, 277쪽 이하, Walter Benjamin, "Die Aufgabe des Übersetzers", *Illuminationen. Ausgewählte Schriften I*, Frankfurt 1977, 50-62쪽, Franz Rosenzweig, "Nachwort zu den Hymnen und Gedichten des Jehuda Halevi", *Kleinere Schriften*, 1932, 200-219쪽.

15 Franz Rosenzweig, *Kleinere Schriften*, 1932, 202쪽.

16 Franz Rosenzweig, 같은 글.

17 인용을 위한 몽타주에 관해서 Ingeborg Nordmann, "Gedanken-experiment und Zitatmontage" 참조, W. Heuer und I. von der Lühe (Hg.), *Dichterisch Denken. Hannah Arendt und die Künste*, 162-186쪽. 문학의 의미에 관한 바바라 한의 자세한 연구 *Leidenschaften, Menschen und Bücher*를 참조.

18 글렌 그레이에게 보낸 서신에서, 1967년 12월 11일, Hannah Arendt Papers, LoC, Box 11.

19 Hannah Arendt / Mary McCarthy, *Im Vertrauen. Briefwechsel 1949-1975*, 334쪽.

20 이 부분에서 특별히 다음 책에 언급된 한나 아렌트의 2개 국어 구사력에 대한 코멘트를 참조하길 바람. *Handbuch Hannah Arendt*, Stuttgart 2011.

21 Hahn / Knott, *Hannah Arendt – Von den Dichtern erwarten wir Wahrheit*, 188쪽에서 Robert Lowell을 재인용함.

22 Hannah Arendt / Gershom Scholem, *Der Briefwechsel, 1939-1964*, 345쪽.

23 Gerhard Brauer, *The Problem with Reading Hannah Arendt in English*, Saarbrücken 2008, 3쪽 참조.

24 Hannah Arendt, *Denktagebuch*, 772쪽.

25 W. H. Auden, "Thinking, what we are doing", *Encounter*, 1959, 72쪽.

26 Harold Rosenberg, "Concepts we live by", *New York Times*, 1961년 7월 30일.

27 Walter Benjamin, "Zum gesellschaftlichen Standort des französischen

Schriftstellers", W. B., *Gesammelte Schriften II, 2*, 776-803쪽.

28   (2개 국어에 능통한) 작가 겸 번역가 에스더 킨스키(Esther Kinsky)는 "Happy bin ich schon, aber glücklich bin ich nicht-Autoren übersetzen sich selbst" 컨퍼런스에서 버전(Version)과 비전(Vision)의 차이를 명쾌하게 짚어준다. Übersetzertag 2008, LCB(Literarisches Colloquium Berlin) Berlin.

29   이 부분에 관해 한나 아렌트는 『전체주의의 기원』의 서문에서 다음과 같이 기술하였다. "영어판 텍스트를 단어 하나하나 그대로 옮긴 것은 아닙니다. 몇몇 장은 독일어로 썼고, 이것을 나중에 영어로 번역했습니다. 이런 경우에는 원래 제목을 사용했고 사실 그밖에도 영어에서 독일어로 작품을 옮기는 과정에서 여기저기 변경 사항이 발생하여 어떤 부분은 삭제하거나 추가하기도 했지만, 여기서 일일이 언급할 필요는 없습니다." Hannah Arendt, *Elemente und Ursprünge totaler Herrschaft*, 15쪽.

30   Vladimir Nabokov, *Erinnerung, sprich. Wiedersehen mit einer Autobiographie*, 영어에서 독일어로 Dieter E. Zimmer가 번역함, Hamburg 1984, 12쪽. 게오르크 비테(Georg Witte)는 "Happy bin ich schon, aber glücklich bin ich nicht-Autoren übersetzen sich selbst" 컨퍼런스의 어떤 강연 중에 이 인용문과 나보코프가 러시아판에 추가한 동요와 시를 언급했다.

31   Barbara Hahn, *Leidenschaften, Menschen und Bücher* 참조.

32   Hannah Arendt, *Ich will verstehen*, 4쪽.

33   로이 T. 차오(Roy T. Tsao)의 에세이 "Arendt Against Athens: Rereading *The Human Condition*", *Political Theory*, Volume 30, Number 1, February 2002, 97-124쪽에서 그는 『인간의 조건』의 독일어판과 영어판에서 어떻게 그리스인들에 대한 묘사가 달라지는지 분석했다.

34   "저는 지금 한창 혁명에 관한 제 책을 번역하고 있어요. 이 작업이 재미있긴 하지만, 다른 언어로 번역하는 게 얼마나 어려운지를 새삼 느끼게 된답니다. 제 영어 실력이 좋아질수록 독일어판 작업이 더 어려워져요. 이런 망할 놈의 번역! 악마나 데리고 가라지!" 한나

아렌트가 칼 야스퍼스에게, 1963년 8월 14일.

35 한나 아렌트가 출판한 발터 벤야민의 에세이 모음집(*Illuminations*) 서문 중에서, 1-55쪽.

36 Hannah Arendt, *Men in Dark Times*, 208쪽.

37 "당신이 영문학으로 양육된 사람이 아니라는 것을 아무도 의심하지 않을 것입니다." 글렌 그레이가 한나 아렌트의 영어 구사력에 관해 쓴 글, Hannah Arendt Papers, LoC, Box 11.

38 Hannah Arendt / Karl Jaspers, *Briefwechsel 1926-1969*, 209쪽.

39 Hannah Arendt, *Über die Revolution*, 360쪽.

40 "네가 기술하는 과정에서 네 생각을 표현할 수 있는 그 위대함이 용기의 원천이야…", 야스퍼스가 한나 아렌트에게, *Briefwechsel. 1926-1969*, 541-543쪽.

41 Franz Kafka, *Das Schloß, Gesammelte Werke*, 233쪽.

42 Hannah Arendt, *Zur Zeit. Politische Essays*, 161-178쪽.

43 "The Talk of the Town", *The New Yorker*, 1975년 12월 22일, 27쪽.

용서

1 Berl Katznelson, "Talks to Youth", *Jewish Frontier*, Sept. 1945, No. 9(127), 20-24쪽; 그 외 Hannah Arendt / Gershom Scholem, *Der Briefwechsel, 1939-1964*, 127쪽.

2 1953년 11월 28일, 돌프 스테른베르거(Dolf Sternberger)에게 보낸 한나 아렌트의 편지, DLA Marbach, Sternberger Nachlass.

3 1953년 12월 14일, 돌프 슈테른베르거에게 보낸 한나 아렌트의 편지, DLA Marbach, Sternberger Nachlass. "공론장의 불빛은 모든 것을 어둡게 한다." 한나 아렌트는 벤야민 에세이에서 하이데거의 *Sein und Zeit*에 나오는 구절을 인용함. *Menschen in finsteren Zeiten*, 220쪽.

4 Hannah Arendt, *Denktagebuch*, 300쪽.

5 젊은 시절 한나 아렌트의 친구였던 에른스트 그루마흐(Ernst

Grumach)는 'Einsatzstab Reichsleiter Rosenberg(ERR, 제국지도자 로젠베르크 특수부대)'라는 친나치 단체의 '유대인 지도자'로서 독일의 나치 치하에서 살아남았다. 그루마흐는 1949년 베를린에서 아렌트를 재회했을 때 그녀에게 시 한 편을 보냈다. "이미 우리에게 사라진 오래된 것들, 이제서야 모든 느낌으로 다가오네, 마치 우리가 고향을 찾은 것처럼", Hannah Arendt / Heinrich Blücher, *Briefe, 1936-1968*, 216쪽.

6   Hannah Arendt / Karl Jaspers, *Briefwechsel 1926-1969*, 90쪽.

7   한나 아렌트는 칼 야스퍼스에게 보낸 편지에서, "나치 전범들도 이 사실을 잘 알고 있었습니다. 그래서 그들은 뉘른베르크 재판에서 그렇게 천연덕스럽거나 즐기는 기색까지 보였지요."라고 썼다. 같은 책, 90쪽.

8   Hannah Arendt, *Eichmann in Jerusalem*, 329쪽.

9   Hannah Arendt, *Elemente und Ursprünge totaler Herrschaft. Antisemitismus, Imperialismus, totale Herrschaft*, 941쪽.

10 후고 프리드리히(Hugo Friedrich)에게 보낸 편지, 1953년 6월 15일, LoC, Box 10.

11 Hannah Arendt, "Verstehen und Politik", *Zwischen Vergangenheit und Zukunft*, 125쪽.

12 Gilles Deleuze, *Francis Bacon – Logik der Sensation*, München 1995, Textband, 55쪽.

13 Jacob und Wilhelm Grimm, *Deutsches Wörterbuch*, Leipzig 1956, 2529번째 단.

14 Hannah Arendt, *Vita activa*, 311쪽.

15 Vladimir Jankelevitch, *Das Verzeihen, Essays zur Moral und Kulturphilosophie*; Paul Ricœur, *Das Rätsel der Vergangenheit. Erinnern, Vergessen, Verzeihen*.

16 남아프리카공화국의 저술가 안치 크로그(Antjie Krog)는 '진실과 화해위원회'에 관한 그녀의 저서 *Country of my scull*에서 남아프리카공화국의 제도화된 인종차별 정책이 무너진 이후, 새로운 정치적 연대를 찾는 데 필요한 핵심 논지를 위해 아렌트의 용서의 개

념을 차용한다. 저널리스트 카롤린 엠케(Carolin Emcke)는 자신이 변호하는 적군파 테러리스트에 대한 처벌을 종식시킬 것을 요구하면서 아렌트가 제시한 협상이 가능한 용서의 개념이 적군파 문제를 다루는 논의에 보다 생산적으로 사용되도록 시도하였다. Carolin Emcke, *Stumme Gewalt. Nachdenken über die RAF*; Antjie Krog, "I speak holding up your heart". *Cosmopolitanism, Forgiveness and leaning towards Africa*, 24. Van der Leeuw-Lesung, 2006년 11월 3일.

17 Hannah Arendt, *Denktagebuch*, 7쪽.

18 "물론 원죄의식을 바탕으로 하면 모든 게 달라지게 되지. 우리 모두가 명백하게 '우리는 모두 죄인'이라고 인정하는 한에서만 어쩌면 용서는 가능하겠지…", 같은 책, 4쪽.

19 Friedrich Nietzsche, "Von der Erlösung", *Also sprach Zarathustra*, 154쪽.

20 Hannah Arendt, *Denktagebuch*, 312쪽.

21 엘리자베스 영 브륄(Elizabeth Young Bruehl)의 전기, *Hannah Arendt. Leben, Werk und Zeit* 참조. 한스 귄터 홀(Hans Günter Holl)의 독일어 번역, Frankfurt 1986, 382쪽 참조. 1965년 시카고 대학에서 진행한 매카시 시대에 관한 강의 관련 문헌은 아렌트 유고집 자료, LoC, Box 57을 참조.

22 "The Ex-Communists", Hannah Arendt, *Essays in Understanding*에 다시 실림. 391-400쪽 참조.

23 "당신들은 마치 어떤 것이 과거에는 그렇지 않았고 미래에는 꼭 실현되어야 하는 것처럼 다루는데, 바로 그렇기 때문에 당신들은 그것을 파괴하기 시작한다". Hannah Arendt, Chamber-Hiss-Seminar를 위한 기록 중에서, 1965, LoC, Box 57 참조.

24 *Vita activa*에서 용서에 관한 인용을 가져옴.

25 Hannah Arendt / Mary McCarthy, *Im Vertrauen. Briefwechsel 1949-1975*, 194쪽에서 인용함.

26 아렌트가 한번은 경고하기를, "전통의 종언은 전통적인 개념들이 인간의 사상에 미치는 힘을 잃었다는 것을 반드시 의미하는 것은

아니다. 오히려 반대로 이 힘은 전통이 생명력을 상실하거나, 그 개념들이 닳아 없어지거나, 그 범주들의 의미가 없어지거나, 처음에 대한 기억들이 완전히 사라졌을 경우에 더 강압적인 힘을 발휘할 수 있다."

27 1953년 11월 28일, 돌프 슈테른베르거에게 보낸 한나 아렌트의 편지, DLA Marbach, Sternberger Nachlass.

28 아렌트는 "The Ex-Communists"에서 이그나치오 실로네(Ignazio Silone)가 쓴 "마지막 투쟁은 공산주의자와 전 공산주의자 간에 일어날 것이다"라는 구절을 인용한다. *Jewish Writings*, hg. von Jerome Kohn, New York 2003, 393쪽.

29 1953년 8월 16일, 게르숌 숄렘에게 보낸 한나 아렌트의 서신, Hannah Arendt / Gershom Scholem, *Der Briefwechsel, 1939-1964*, 385쪽.

30 Alfred Kazin, *New York Jew*, New York 1978, 203쪽.

31 Hannah Arendt, *Essays in Understanding*, 270-284쪽.

32 이 시는 1951년에 쓰였다.

33 Hannah Arendt, *Elemente und Ursprünge totaler Herrschaft*, 734, 746쪽.

34 Hahn / Knott, *Hannah Arendt – Von den Dichtern erwarten wir Wahrheit*, Berlin 2007.

35 아렌트는 아돌프 아이히만에 대해 "Über den Zusammenhang von Denken und Moral"이라는 논문에서 다음과 같이 기술하였다. "아이히만은 몇 가지의 관용구로만 이루어진 자신의 소박한 레퍼토리에 몇몇 새로운 표현을 추가했다. 자신의 레퍼토리에서 벗어나는 상황을 대면할 때 아이히만은 속수무책이었다. 상투적 표현, 일상의 관용구, 표준화된 표현방식들은 우리를 사실로부터 보호하는 잘 알려진 기능을 갖고 있다. 다시 말하자면 사건과 사실의 실제 상황을 파악하기 위해서는 우리가 생각과 주의를 기울여야 하는데, 이러한 요구를 상투적인 말투로 피해 갈 수 있다는 것이다. 우리가 항상 이러한 요구에 대응할 수는 없지만 아이히만은 이런 것을 전혀 알지 못했다." Hannah Arendt, *Zwischen*

Vergangenheit und Zukunft, 128쪽.

36   Hannah Arendt, *Denktagebuch*, 11쪽.

37   같은 책, 312쪽.

38   Hannah Arendt, "Karl Marx". Teil Ⅲ, 23쪽; *Was ist Politik*, 226쪽에서 재인용함.

39   Hannah Arendt, *Denktagebuch*, 14쪽, 추가로 912쪽.

40   같은 책, 9쪽.

41   같은 책, 135쪽 이하.

42   Hannah Arendt, *Vita activa*, 317쪽.

43   Klaus Reichert, *Übersetzen, die unendliche Aufgabe*, 169, 170쪽 참조.

44   Lukas 17:3-4 참조, Hannah Arendt, *Vita activa*, 5장, 주석 81번, 360쪽.

45   아렌트는 *Vita activa*에서 인간은 자신의 행위에 영원히 묶이게 되지만, 이것에 대한 '치료법'은 인간에게 가능한 용서에 달려 있다고 쓴다. "우리가 서로 용서할 수 없게 되면, 즉 우리 행위의 결과로부터 서로가 다시 풀려 나올 수 없다면, 우리의 행위능력은 어쩌면 한 가지의 유일한 행위에 제한될 수밖에 없고, 좋을 때나 나쁠 때나 말 그대로 그 행위의 결과가 우리를 세상 끝까지 좇을 것이다."(302쪽)

46   Hannah Arendt, *Über die Revolution*, 242쪽.

47   W. H. 오든은 출간되기를 "평생 기다려왔던" *The Human Condition*에 대한 서평에서 특히 아렌트의 용서에 관한 논쟁에 주의를 기울인다. "행위의 기반이 되는 자유가 한계가 없는 것처럼, 행위 자체에도 한계가 없다. 우리가 우리의 행위에 스스로 한계를 설정하지 않는다면 행위는 우리를 파멸시킬 것이다." 오든이 염두에 두고 말한 우리가 스스로 설정하는 한계(limits)는 아렌트가 말한 행위를 하기 위한 "신뢰할 만한 장소", 즉 법률, 용서, 약속에 상응한다. W. H. Auden, "Thinking what we are doing", *Encounter* 69호, 1959, 72-76쪽. 그 외에 W. H. Auden, *A Certain World. A Commonplace Book*의 기록을 참고 바람. 1970년 오든은 자서전

대신에 속담, 관용구, 사상 등을 모아서 키워드 위주로 정리하여 책으로 출간했다. 그는 이 모음집이 자신의 생각이 살고 있는 건물이자, 꿈의 풍경이며, 그의 상상력을 펼칠 수 있는 기본 정서라고 말하였다. 어떤 기록은 단지 즐거움을 위한 것이지만 어떤 내용은 자신을 혼란스럽게 했던 만큼 독자들도 혼란스럽게 할 수 있다는 마음에서 실었다. "글 쓰는 지구" 위에 담긴 후자의 낯선 생각이나, 이념, 이미지들 가운데 아렌트의 *The Human Condition*에서 다룬 용서에 관한 인용문이 발견된다. "용서하는 것은 일종의 반작용이지만, 예상할 수 없는 방식으로 일어나는 유일한 반작용이기에 작용의 본래의 특성을 어느 정도 지니고 있다."

48 W. H. Auden, "The Fallen City. Some Reflections on Shakespeare's Henry IV", *Encounter* 74호, 1959, 21-34쪽. 영어에서 독일어로 번역한 버전: *Shakespeare*, "Des Prinzen Hund", Fritz Lorch 역, 18-48쪽.

49 1960년 2월 14일, 한나 아렌트가 W. H. 오든에게 보낸 편지 (마리 루이제 크노트 역); 편지 원본은 뉴욕공립도서관(New York Public Library), 버그 콜렉션(Berg Collection), 원고부서(Manuscript Division)에 보관되어 있다.

50 '더 많이(Mehr)'라는 착상은 아렌트의 작품 가운데 여러 국면에서 발견된다. 인간은 자신의 행동이나 의견보다 더 많은 의미를 갖고 있다고 아렌트는 숄렘에게 쓴다. 폴 리쾨르도 이와 비슷한 생각을 그의 책 *Gedächtnis, Geschichte, Vergessen*, 759쪽에 표현한다. 용서는 "당신은 당신의 행위보다 더 낫다."라는 문장에 기초한다.

51 *Die Zeit*, 1964년 12월 25일.

52 1964년 12월 25일, 한나 아렌트가 베노 폰 비제에게 보낸 서신. Klaus Dieter Rossade, *Dem Zeitgeist erlegen*, 179쪽 이하에서 인용.

53 1965년 2월 19일, 한나가 베노 폰 비제에게 보낸 서신, 183쪽.

54 Hannah Arendt, *Vom Leben des Geistes, Das Denken*, 173쪽.

연극

1   W. H. Auden, *Shakespeare*, 39쪽.

2   Hannah Arendt, *Vita activa*, 167쪽.

3   같은 책, 249쪽.

4   이 장은 특히 Mieke Bal, Erika Fischer-Lichte, Dieter Mersch,
    Wolfgang Iser, Klaus Reichert의 상호텍스트성과 언어수행성에 관
    한 연구에 기초한 것이다.

5   Hannah Arendt / Günther Stern, "Rilkes Duineser Elegien", *Neue
    Schweizer Rundschau*, 23, 1930, Nr. 11, 855-871쪽.

6   Hannah Arendt, *Vita activa*, 203쪽 참조.

7   Hannah Arendt, *Denktagebuch*, 118쪽.

8   Hannah Arendt, *Vom Leben des Geistes. Das Denken*, 81쪽.

9   Platon, *Gesetze*, 644d.

10 Hannah Arendt, "Verstehen und Politik", *Zwischen Vergangenheit
    und Zukunft. Übungen im politischen Denken I*, 110-127쪽에서. "정
    치적 판단은 어떤 결론에 도달하기 위해 그 과정에서 모든 중간이
    해나 사전 이해를 동원한다. 인간사에서 사람들은 타인들과 공존
    하는 세상에서 이해하고, 판단하고, 살아가는 필수불가결한 조건
    으로 '중간 판단'에서 다음 판단으로의 진척을 보인다."

11 Hannah Arendt, *Denktagebuch*, 9쪽.

12 Hannah Arendt, *Vita activa*, 248-249쪽.

13 Hannah Arendt, *Zur Zeit. Politische Essays*, 185쪽 참조.

14 Ingeborg Nordmann, "Gedankenexperiment und Zitatmontage",
    Heuer / von der Lühe (Hg.): *Dichterisch Denken. Hannah Arendt
    und die Künste*, 162-186쪽 참조.

15 프란츠 로젠츠바이크(Franz Rosenzweig)가 쓴 Jehuda Halevi,
    Zweiundzwanzig Hymnen und Gedichte 후기의 해설 참조, 210
    쪽. 클라우스 라이헤르트(Klaus Reichert)는 로젠츠바이크와 부버
    (Buber)의 성경 번역에 관한 글(*Übersetzen, die unendliche Aufgabe*,
    151쪽)에서 로젠츠바이크에게서 나타나는 "Musivstil"(163쪽)로 불

리는 그런 종류의 상호텍스트성이 히브리어로는 널리 알려져 있다
는 사실을 언급했다. 라이헤르트의 로젠츠바이크 해설에 따르면
"중세시대의 유대인은 클래식 텍스트, 특히 성경에 의해 그같이 각
인이 되어 있었기 때문에, 그리고 동시에 자신의 화법에 대해 아주
확신을 하였기 때문에 그가 인용을 하든 아니면 자신의 이름으로
이야기를 하든 동일하였다. 인용은 그의 고유한 사유나 감정의 일
부가 되었기 때문에 인용이 어떤 권위와 관련되거나 장식의 기능
을 전혀 하지 않았다."(같은 책)

16 *Menschen in finsteren Zeiten*, 179-236쪽. 발터 벤야민에 관한 아렌
트의 에세이 참조.

17 Friedrich Nietzsche, *Nachlass*, Herbst 1881, Frangment 11 (119),
Kritische Studienausgabe, Bd. 9, Berlin / München 1999. "…그리고
나서 그 자신 안에서의 투쟁이 일어났고, 그는 모든 힘을 개별적인
환상(Phantasma)에 쏟아 부어야 했으며, 후에는 다시 다른 것에…"

18 Hannah Arendt, *Vita activa*, 205쪽.

19 같은 책.

20 Hannah Arendt, *Vita activa*, 212쪽. 이 구절에서 바바라 한의
Leidenschaften, Menschen und Bücher 참조.

21 1. Petr. 1, 24.

22 칼 야스퍼스는 1947년 셰익스피어의 *Hamlet*(I, 5, Schlegel / Tieck
역)에 나오는 이 문장을 인용하고 *Von der Wahrheit*에서 자세히 해
설했다. 아렌트는 이 책을 읽고 난 후 야스퍼스에게 "이 책은 정
말 굉장하군요, 특히 햄릿에 관한 부분이 그렇습니다"라고 썼다.
Hannah Arendt / Karl Jaspers, *Briefwechsel. 1926-1969*, 148쪽 참
조.

23 카프카에 관한 아렌트의 글 "Die verborgene Tradition", *Sechs
Essays*, 109쪽.

24 전체주의 외에 대중사회의 승리와 핵무기의 발명 및 사용가능성에
의한 위협을 뜻한다.

25 *Essays in Understanding*에 실린 유고작 "Concern with Politics in
Recent European Thought", 435쪽 참조.

26 같은 책, 438쪽.

27 계획되었던 *Einführung in die Politik*(정치학 입문)의 마지막 장에서. 여기에서는 한나 아렌트의 *Was ist Politik?*의 독일어판 서문에서 인용됨, 186쪽.

28 Hannah Arendt, "Fragment 4", *Was ist Politik?*, 182쪽.

29 Hannah Arendt, *Zwischen Vergangenheit und Zukunft*, 147쪽 이하. "한 개 안에 들어 있는 두 개"의 사유에 대해 아렌트의 "Über den Zusammhang von Denken und Moral" 해설 참조. 더 나아가 Hannah Arendt, *Vom Leben des Geistes. Das Denken*, 179쪽 이하 참조; '관통하여 울리다'로서의 'per-sonare'에 대해 *Text und Kritik*, 166 / 167, 10쪽에 실린 Sonnig-Preis-Rede 참조.

30 *Vita Activa*, §24, 220쪽이 *The Human Condition*, §24, 180쪽에는 빠져 있다.

31 Hannah Arendt, *Menschen in finsteren Zeiten*, 41쪽.

32 Paul Valéry와 Nathalie Sarraute에 관한 필자의 기고 참조. Hahn / Knott, *Hannah Arendt – Von den Dichtern erwarten wir Wahrheit*, 151-155쪽.

33 여기에 대해 곧 출간될 *Handbuch Hannah Arendt*에 실릴 Tatjana Tömmel의 우정에 관한 글 참조.

34 한나 아렌트의 벤야민 에세이, *Menschen in finsteren Zeiten*, 229쪽 참조.

35 Hannah Arendt / Karl Jaspers, *Briefwechsel. 1926-1969*, 236쪽.

36 Hannah Arendt, *Vom Leben des Geistes. Das Denken*, 56쪽.

37 Helmut Lachenmann, "Hören ist wehrlos – ohne Hören", *Musik als existentielle Erfahrung*, 118쪽 참조.

38 Hannah Arendt, *Sechs Essays*, 75쪽.

39 Klaus Reichert, *Übersetzen, die unendliche Aufgabe*, 163쪽.

40 Hannah Arendt, "Franz Kafka", *Sechs Essays*, 148-149쪽. 아렌트는 카프카 에세이에서 그렇게 썼고, 또 다음과 같이 보완했다. "인간이 자기 자신과 자신의 자발성 이외에는 아무것에도 종속되지 않는 세상에서 그리고 인간 사회가 (…) 비밀스런 법규—그것이 보

다 상위의 혹은 보다 하위의 권력으로 해석되든 안 되든 상관없
이―에 의해 지배되지 않는 세상에서."

41 한나 아렌트가 후고 프리드리히(Hugo Friedrich)에게 보낸 편지,
1953년 7월 15일, LoC, Box 10.

42 여기에 대해 문화학자 미이케 발(Mieke Bal)은 다음과 같이 쓰고
있다. "명사화를 시도하면서 동사를 명사화하게 되면, 개념을 분석
하거나 이에 대해 토론하기에 좋은 이점이 있다. 그러나 손실도 있
다. 이때 관련된 대상의 능동형, 참여인물의 주관성을 포함하여 행
위의 서사를 놓칠 수 있다. 행위의 주체와 함께 행위의 책임 소재
가 사라진다", *Kulturanalyse*, 56쪽.

43 Hannah Arendt, *Über die Revolution*, 301쪽 이하.

44 같은 책, 360쪽.

45 Hannah Arendt / Hermann Broch, *Briefwechsel, 1946-1951*, 175쪽.

46 Hannah Arendt, *Vom Leben des Geistes. Das Denken*, 99쪽.

참고문헌

I. 한나 아렌트

a) 단행본

Denktagebuch. 1950-1975, 2 Bde., hg. von Ursula Ludz und Ingeborg Nordmann, München 2000.

Eichmann in Jerusalem. Ein Bericht von der Banalität des Bösen, Hamburg 1978.

Elemente und Ursprünge totaler Herrschaft, München 2005.

Essays in Understanding. 1930-1954, hg. von Jerome Kohn, New York 1994.

The Human Condition, Chicago 1958.

Ich will verstehen. Selbstauskünfte zu Leben und Werk, hg. von Ursula Ludz, überarbeitete Ausgabe, München 2005.

In der Gegenwart. Übungen im politischen Denken II, hg. von Ursula Ludz, München 2000.

The Jewish Writings, hg. von Jerome Kohn und Ron H. Feldman, New York 2003.

Der Liebesbegriff bei Augustin, Versuch einer philosophischen Interpretation, Berlin 1929; wieder veröffentlicht mit einem Nachwort von Ludger Lütkehaus, Berlin / Wien 2003.

Men in Dark Times, New York 1968

Menschen in finsteren Zeiten, Essays u. a. Texte 1955-1975, hg. von Ursula Ludz, München 2001.

Nach Auschwitz. Essays und Kommentare 1, Berlin 1989.

Sechs Essays, Heidelberg 1948.

Über das Böse. Eine Vorlesung zu Fragen der Ethik, hg. aus dem Nachlass von Jerome Kohn, München 2006.

Über die Revolution, München 1974.

Vita activa oder Vom tätigen Leben, München 2002.

Vom Leben des Geistes, 1, Das Denken, München 1979.

Vor Antisemitismus ist man nur noch auf dem Monde sicher, hg. von Marie Luise Knott, München 2001.

Was ist Politik? Fragmente aus dem Nachlass, hg. von Ursula Ludz, mit einem Vorwort von Kurt Sontheimer, München 1993.

Zur Zeit. Politische Essays, hg. von Marie Luise Knott, Berlin 1986.

Zwischen Vergangenheit und Zukunft. Übungen im politischen Denken 1, München 1994.

Hannah Arendt / Heinrich Blücher, *Briefe, 1936-1968*, hg. von Lotte Köhler, München 1996.

Hannah Arendt / Kurt Blumenfeld, *In keinem Besitz verwurzelt. Die Korrespondenz*, hg. von Ingeborg Nordmann und Iris Pilling, Berlin 1995.
Hannah Arendt / Hermann Broch, *Briefwechsel. 1946-1951*, hg. von Paul Michael Lützeler, Frankfurt a.M. 1996.
Hannah Arendt / Martin Heidegger, *Briefe 1925-1975*, aus den beiden Nachlässen hg. von Ursula Ludz, Frankfurt a.M. 1998.
Hannah Arendt / Karl Jaspers, *Briefwechsel. 1926-1969*, München 1985.
Hannah Arendt / Mary McCarthy, *Im Vertrauen. Briefwechsel 1949-1975*, München 1995.
Hannah Arendt / Gershom Scholem, *Briefwechsel, 1939-1964*, hg. von Marie Luise Knott, Mitarbeit David Heredia, Berlin 2010.

b) 소논문 및 에세이

»Concern with Politics in Recent European Philosophical Thought«, abgedruckt in: Hannah Arendt, *Essays in Understanding. 1930-1954*, hg. von Jerome Kohn, S. 428-447.
»The Ex-Communists«, in: THE COMMONWEAL, 57, 20. März 1953, Nr. 24, S. 595-599; wiederabgedruckt in: *Jewish Writings*, hg. von Jerome Kohn, New York 2003, S. 391-400; auf Deutsch (»Gestern waren sie noch Kommunisten«) erstmals im AUFBAU 1953, wieder in: Hannah Arendt, *In der Gegenwart*, hg. von Ursula Ludz, München 2000, S. 228-237.
»Für und gegen Paul Tillich«, in: AUFBAU, 31. Juli 1942, wiederabgedruckt in: Hannah Arendt, *Vor Antisemitismus ist man nur auf dem Monde sicher*, München 2001, S. 74-78.
»Hermann Broch und der moderne Roman«, in: *Der Monat,* 1 / 8-9, Juni 1949, S. 147.151.
»Jewish History, Revised«, in: JEWISH FRONTIER 15, 1948, Nr. 3, S. 34-38.
»Die Krise des Zionismus«, in: Hannah Arendt, *Vor Antisemitismus ist man nur auf dem Monde sicher*, München 2001, S. 94104.
»Martin Buber, Un guide de la Jeunesse«, in: LE JOURNAL JUIF, Vol. XII, No 17, 23 Nisan 5695 (1935)
»No longer and not yet«, in: THE NATION, 163, 14. September 1946, Übers. von Paul Michael Lützeler, in: Hannah Arendt / Hermann Broch, *Briefwechsel, 1946-1951*, hg. von P. M. Lützeler, Frankfurt a.M. 1996, S. 300-302.
»Die Sonning Preis-Rede, Kopenhagen 1975«, in: »Hannah Arendt«, TEXT UND KRITIK, 166 / 167, Übers. von Ursula Ludz, Göttingen 2005, S. 3-11.
»Über den Zusammenhang von Denken und Moral«, in: *Zwischen Vergangenheit und Zukunft*, München 1994, S. 128-156.

»Verstehen und Politik«, wiederabgedruckt in: *Zwischen Vergangenheit und Zukunft*, München 1994, S. 110-124.

»Wir Flüchtlinge«, in: Hannah Arendt, *Zur Zeit*, hg. von Marie Luise Knott, Berlin 1986, S. 7-21.

Hannah Arendt / Günter Stern, »Rilkes ›Duineser Elegien‹«, in: NEUE SCHWEIZER RUNDSCHAU 23, 1930, Nr. 11, S. 855-871.

II. 다른 작가들의 작품

a) 단행본과 모음집

Claudia Althaus, *Erfahrung denken. Hannah Arendts Weg von der Zeitgeschichte zur politischen Theorie*, Göttingen 2000.

Jean Améry, *Das Leben zwischen den Sprachen*, Stuttgart 1976.

W.H. Auden, *Shakespeare*, aus dem Englischen von Gritz Lorch, Gütersloh 1964.

Mieke Bal, *Kulturanalyse*, Frankfurt a.M. 2006.

Samuel Beckett, *Das Gleiche noch mal anders*, Frankfurt a.M. 2000.

Walter Benjamin, *Illuminations. Essays and Reflections*, hg. und mit einer Einleitung von Hannah Arendt, New York 1967.

Hans Blumenberg, *Zu den Sachen und zurück*, Frankfurt a.M. 2002.

Gerhard Brauer, *The Problem with Reading Hannah Arendt in English*, Stuttgart 2011.

Hermann Broch, *Dichten und Erkennen. Essays. I*, hg. von Hannah Arendt, Zürich 1955.

Hermann Broch, *Erkennen und Handeln. Essays. II*, hg. von Hannah Arendt, Zürich 1955.

Hermann Broch, *Hofmannsthal und seine Zeit*, mit einem Nachwort von Hannah Arendt, München 1964.

Hermann Broch, *Der Tod des Vergil*, New York 1946.

Hermann Broch, *The Death of Virgil*, translated by Jean Starr Untermeyer, New York 1946.

Gilles Deleuze, *Francis Bacon – Logik der Sensation*, aus dem Französischen von Joseph Vogl, München 1995.

Carolin Emcke, *Stumme Gewalt. Nachdenken über die RAF*, Frankfurt a.M. 2008.

Johann Wolfgang von Goethe, *Werke*, Band 1, Gedichte, West-östlicher Divan, hg. von Hendrik Birus und Karl Eibl, Frankfurt a.M. 1994.

Jacob und Wilhelm Grimm, *Deutsches Wörterbuch*, Leipzig 1956.

Barbara Hahn / Marie Luise Knott, *Hannah Arendt – Von den Dichtern erwarten wir Wahrheit*, Schriftenreihe des Literaturhauses 17, Berlin 2007.

Barbara Hahn, *Von Leidenschaften, Menschen und Büchern*, Berlin 2006.

Martin Heidegger, *Was heißt denken*, Tübingen, 1950.

Theodor Herzl, *Der Judenstaat*, Zürich 2006.

Wolfgang Heuer / Irmela von der Lühe (Hg.), *Dichterisch Denken*, Göttingen 2006.

Wolfgang Heuer / Thomas Wild (Hg.), *Hannah Arendt*. TEXT UND KRITIK, Heft 166 / 167, München 2005.

Karl Jaspers, *Von der Wahrheit*, München 1947.

Immanuel Kant, *Anthropologie in pragmatischer Hinsicht*, § 54, Leipzig 1917.

Immanuel Kant, *Kritik der Urteilskraft*, Hamburg 1990.

Immanuel Kant, *Schriften zur Anthropologie*. Werkausgabe Band 12, hg. von Wilhelm Weischedel. Frankfurt a.M. 1977.

Alfred Kazin, *New York Jew*, New York 1978.

Heinrich Klotz, *Kunst im 20. Jahrhundert: Moderne – Postmoderne – zweite Moderne*, München 1999.

Volker März, *Das Lachen der Hannah Arendt*, Nürnberg 2008.

Alfred Messerli, Hans-Georg Pott, Waltraud Wiethölter (Hg.), *Stimme und Schrift. Zur Geschichte und Systematik sekundärer Oralität*, München 2008.

Dieter Mersch, *Ereignis und Aura*, Frankfurt a.M. 2002.

Daniel Morat, *Von der Tat zur Gelassenheit*, Göttingen 2007.

Vladimir Nabokov, *Erinnerung, sprich. Wiedersehen mit einer Autobiographie*, aus dem Englischen von Dieter E. Zimmer. Hamburg 1984.

Friedrich Nietzsche, *Nachlass*, Herbst 1881, Fragmente 11 (119), Kritische Studienausgabe, Band 9, Berlin / München 1999.

Emine Sevgi Özdamar, *Mutterzunge*, Berlin 1990.

Helmuth Plessner, *Das Lachen und das Weinen*, Arnhem 1941.

Monika Plessner, *Die Argonauten auf Long Island. Begegnungen mit Hannah Arendt, Theodor W. Adorno, Gershom Scholem, u.a.*, Berlin 1995.

Klaus Reichert, *Übersetzen, die unendliche Aufgabe*, München 2006.

Paul Ricœur, *Gedächtnis, Geschichte, Vergessen*, München 2004.

Rainer Maria Rilke, *Die Gedichte*, Frankfurt a.M. 1957.

Klaus-Dieter Rossade, *»Dem Zeitgeist erlegen«. Benno von Wiese und der Nationalsozialismus*, Heidelberg 2007.

Lambert Schneider, *Rechenschaft über vierzig Jahre Verlagsarbeit 1925-1965*, Ein Almanach, Heidelberg 1965.

Gershom Scholem, *Jüdische Mystik in ihren Hauptströmungen*, Frankfurt a.M. 2000.

William Shakespeare, *Hamlet*, in: *The Complete Works of William Shakespeare*, London 1980.

William Shakespeare, *Hamlet*, dt. von August Wilhelm von Schlegel / Ludwig Tieck, in: Shakespeare, *Werke*, Vollständige Ausgabe, Band 9, München 1988.

Yoko Tawada, *Sprachpolizei und Spielpolyglotte*, Tübingen 2007.

Rahel. Ein Buch des Andenkens für ihre Freunde, Berlin 1834.

Thomas Wild, *Nach dem Geschichtsbruch. Deutsche Schriftsteller um Hannah Arendt*, Berlin 2009.

Richard Yates, *Revolutionary Road*, New York, 1962.

Elizabeth Young Bruehl, *Hannah Arendt. Leben, Werk und Zeit*, aus dem Amerikanischen von Hans Günter Holl, Frankfurt a.M. 1986.

b) 소논문 및 에세이

W.H. Auden, »The Fallen City. Some Reflections on Shakespeare's *Henry IV*«, in: ENCOUNTER 74, 1959, S. 21-34.

W.H. Auden, »Thinking, what we are doing«, in: ENCOUNTER 69, 1959, S. 72-76.

Reinhard Baumgart, »Mit Mördern leben«, in: MERKUR 206 / 1965, S. 482 ff.

Walter Benjamin, »Die Aufgabe des Übersetzers«, in: *Illuminationen. Ausgewählte Schriften I*, Frankfurt a.M. 1977, S. 50-62.

Walter Benjamin, »Zum gesellschaftlichen Standort des französischen Schriftstellers«, in: *Gesammelte Schriften II, 2. Aufsätze, Essays, Vorträge*, Frankfurt a.M. 1977, S. 776-803.

Walter Benjamin, »Goethes Wahlverwandtschaften«, in: *Abhandlungen, Gesammelte Schriften I*, 1, Frankfurt a.M. 1974, 123-202.

Walter Benjamin, »Thesen zur Philosophie der Geschichte«, 16. These, zitiert nach: Walter Benjamin, *Illuminationen, Ausgewählte Schriften 1*, Frankfurt a.M. 1977, S. 260.

Walter Benjamin, »Was die Deutschen lasen, während ihre Klassiker schrieben«, in: Gesammelte Schriften, IV.2, Frankfurt a.M. 1991, S. 641-670.

Christina von Braun, »Das ein-gebildete Geschlecht«, in: Hans Belting / Dietmar Kamper (Hg.), *Der Zweite Blick. Bildgeschichte und Bildreflexion*, München 2000, S. 149-170.

Joachim Fest, »Das Mädchen aus der Fremde«, in: SPIEGEL 38 2004, 13. September 2004.

Sigmund Freud, »Der Witz und seine Beziehung zum Unbewussten«, in: *Studienausgabe Band IV. Psychologische Schriften*, Frankfurt a.M. 1970.

Barbara Hahn, »Vom Ort der Literatur zwischen Vergangenheit und Zukunft«, in: *Im Nachvollzug des Geschriebenseins, Theorie der Literatur nach 1945*, hg. von Barbara Hahn, Würzburg 2007, S. 87-98.

Wolfgang Iser, »Das Spiel im Spiel. Formen dramatischer Illusion bei Shakespeare«, in ARCHIV FÜR DAS STUDIUM DER NEUEREN SPRACHEN, 198 (1962).

Berl Katznelson, In »Talks to Youth«, JEWISH FRONTIER, Sept. 1945, No. 9 (127), S. 20-24.

Antjie Kroog, »I speak holding up your heart«. Cosmopolitanism, Forgiveness and leaning towards Africa, 24. Van der Leeuw-Lesung, 3. November 2006.

Friedrich Nietzsche, »Zur Genealogie der Moral«, in: *Jenseits von Gut und Böse. Zur Genealogie der Moral*, Stuttgart 1930.

Ingeborg Nordmann, »Gedankenexperiment und Zitatmontage«, in W. Heuer und I. von der Lühe (Hg.), *Dichterisch Denken. Hannah Arendt und die Künste*, S. 162-186.

Jean Paul, »Vorschule der Ästhetik« (1804), in: *Werke, Band 9*, hg. von Norbert Miller, München 1975.

Harold Rosenberg, *Concepts we live by*, NEW YORK TIMES 30. Juli 1961.

Franz Rosenzweig, »Nachwort zu den Hymnen und Gedichten des Jehuda Halevi«, in: *Kleinere Schriften*, Schocken, Berlin 1932, S. 200-219.

Roy T. Tsao, »Rereading The human condition«, in: POLITICAL THEORY, Volume 30, Number 1, February 2002, S. 97-124.

Benno von Wiese, »Bemerkungen zur unbewältigten Vergangenheit«, in: DIE ZEIT, 25. Dezember 1964.

Ludwig Wittgenstein, *Tractatus logico-philosophicus. Tagebücher 1914-1916. Philosophische Untersuchungen. Werkausgabe Band 1*, Frankfurt a.M. 1984.

III. 유고집

Hannah Arendt Papers, Library of Congress, LoC, Washington D.C., USA.
Hannah Arendt / Dolf Sternberger, Briefwechsel, Deutsches Literaturarchiv DLA Marbach.
Nachlass Karl Jaspers, Deutsches Literaturarchiv Marbach.
Nachlass der Zeitschrift Merkur, Deutsches Literaturarchiv Marbach.
The Henry W. and Albert A. Berg Collection of English and American Literature, New York Public Library, USA.

탈학습, 한나 아렌트의 사유방식

초판 1쇄 발행 2016년 12월 5일
개정판 1쇄 발행 2024년 12월 13일

지은이 마리 루이제 크노트
옮긴이 배기정 · 김송인
펴낸이 강수걸
편집 이혜정 이선화 강나래 이소영 오해은 김효진 방혜빈
디자인 권문경 조은비
펴낸곳 산지니
등록 2005년 2월 7일 제333-3370000251002005000001호
주소 부산시 해운대구 수영강변대로 140 BCC 626호
전화 051-504-7070 | 팩스 051-507-7543
홈페이지 www.sanzinibook.com
전자우편 sanzini@sanzinibook.com
블로그 http://sanzinibook.tistory.com

ISBN 979-11-6861-401-7 03300